"十二五"职业教育国家规划教材　修订版

经全国职业教育教材审定委员会审定

汽车电子技术专业项目化教学改革成果教材

汽车车身电控技术

第 4 版

主　编　毛　峰
副主编　熊长炜
参　编　陈先亮　李亚鹏　马　良
　　　　刘存山　舒雨锋

机械工业出版社

本书是"十二五"职业教育国家规划教材修订版。

本书主要内容包括汽车车身电控系统的认识、电子仪表与综合信息显示系统检测与维修、电控舒适娱乐系统检测与维修、电控安全系统检测与维修、高级驾驶辅助系统故障检测与维修、智能网联汽车认知。主要以国内外中高档轿车为例，系统地讲述了现代汽车安全与舒适系统控制技术的基本原理、使用特性、常见故障诊断及排除。

该书可作为高等职业教育汽车检测与维修专业教材，也可供工程技术人员及汽车维修人员参考。

为了便于读者自主学习、提高学习效率，本书配备了二维码视频资源，可通过手机扫码观看。同时，本书配有"示范教学包"，可在超星学习通上实现"一键建课"，方便混合式教学。

本书还配有电子课件、试卷及答案等，凡使用本书作为教材的教师均可登录机械工业出版社教育服务网（www.cmpedu.com）注册后免费下载。咨询电话：010-88379375。

图书在版编目（CIP）数据

汽车车身电控技术/毛峰主编. —4 版. —北京：机械工业出版社，2022.2（2024.2 重印）

ISBN 978-7-111-49219-1

Ⅰ.①汽… Ⅱ.①毛… Ⅲ.①汽车-车体-电子系统-控制系统-高等职业教育-教材 Ⅳ.①U463.6

中国版本图书馆 CIP 数据核字（2022）第 017163 号

机械工业出版社（北京市百万庄大街 22 号 邮政编码 100037）
策划编辑：葛晓慧　　　　　　责任编辑：葛晓慧
责任校对：陈　越　张　薇　封面设计：陈　沛
责任印制：郜　敏
北京富资园科技发展有限公司印刷
2024 年 2 月第 4 版第 4 次印刷
184mm×260mm・13.25 印张・324 千字
标准书号：ISBN 978-7-111-49219-1
定价：45.00 元

电话服务　　　　　　　　　　网络服务
客服电话：010-88361066　　　机 工 官 网：www.cmpbook.com
　　　　　010-88379833　　　机 工 官 博：weibo.com/cmp1952
　　　　　010-68326294　　　金　书　网：www.golden-book.com
封底无防伪标均为盗版　　机工教育服务网：www.cmpedu.com

前　言

本书自 2004 年 1 月出版以来，深受广大师生欢迎，多次再版，先后被评选为普通高等教育"十一五"国家级规划教材、"十二五"职业教育国家规划教材。

2020 年 11 月，《智能网联汽车技术路线图 2.0》正式发布，汽车技术正朝着电动化、智能化、网联化方向快速发展。为迎接智能网联汽车时代的到来，国内汽车制造企在汽车安全、舒适、环保、智能及通信等方面的整车技术已经对标智能网联汽车的车载平台，汽车车身电控技术有了质的飞跃，为此，应广大师生的要求，对本书在第 3 版的基础上进行再版。

本书编写的指导思想是坚持"职业活动导向，工作任务驱动，项目载体"的教学理念，满足"做、学、教"一体化的教学模式需求，内容上力求反映行业最新技术发展动态，以丰田卡罗拉、大众速腾及迈腾和奥迪轿车的典型工作任务为案例构建教材内容。

本书将汽车车身电控技术分为汽车车身电控系统的认知、电子仪表与综合信息显示系统检测与维修、电控舒适娱乐系统检测与维修、电控安全系统检测与维修、高级驾驶辅助系统检测与维修以及智能网联汽车认知六个项目。每个项目中通过若干个典型工作任务介绍了系统的基本组成、工作原理、故障诊断及排除方法等基本内容，并且对标 1+X 相关要求，以"适度、够用"为准则，重点突出工作任务的实施过程。

本书配套丰富，为了便于读者自主学习、提高学习效率，本书配备了二维码视频资源，可通过手机扫码观看。本书还配有电子课件、试卷及答案等。

本书由东莞职业技术学院毛峰老师主编，参与本书编写的还有东莞职业技术学院的熊长炜、陈先亮、李亚鹏、马良、刘存山、舒雨锋。具体编写分工如下：陈先亮编写项目一，李亚鹏编写项目二，熊长炜编写项目三及项目四，马良编写项目五，舒雨锋编写项目六，刘存山参与了部分章节的编写和资料整理工作。本书由毛峰制订编写大纲及统稿。

在此，对所有帮助和支持本书出版的同事、企业技术人员表示衷心的感谢。

由于作者水平有限，书中难免有疏漏和不妥之处，恳请读者批评指正。

为使读者参阅方便，本书中的部分图稿为原厂提供，未按国家标准绘制。如有不便，请读者见谅。

编　者

二维码清单

名　称	图　形	名　称	图　形
侧面碰撞		刮水器和清洗器的使用方法	
刮水器组成及原理		卡罗拉仪表	
变道辅助（内部）		变道辅助（外部）	
后面碰撞		安全气囊原理	
横向停车（内部）		横向停车（外部）	
正面碰撞		纵向停车（内部）	
纵向停车（外部）		遥控门锁控制系统原理	
预张紧器安全带			

目 录

前言
二维码清单

项目一 汽车车身电控系统的认识 ………… 1
 任务一 汽车车身电控系统电路认知 ………… 1
 任务二 汽车车身总线结构认知 ………… 7
 项目小结 ………… 18
 复习思考题 ………… 18

项目二 电子仪表与综合信息显示系统检测与维修 ………… 19
 任务一 电子仪表不工作故障检测与维修 … 19
 任务二 车速表故障检测与维修 ………… 32
 任务三 发动机转速表故障检测与维修 ………… 35
 任务四 燃油表故障检测与维修 ………… 37
 任务五 冷却液温度表故障检测与维修 ………… 40
 项目小结 ………… 45
 复习思考题 ………… 45

项目三 电控舒适娱乐系统检测与维修 ………… 46
 任务一 中控门锁系统检测与维修 ………… 46
 任务二 电动车窗系统检测与维修 ………… 58
 任务三 电动座椅系统检测与维修 ………… 67
 任务四 电动后视镜系统检测与维修 ………… 72
 任务五 电动除霜系统检测与维修 ………… 80
 任务六 刮水器系统诊断与维修 ………… 83
 任务七 电动天窗系统检测与维修 ………… 92
 任务八 汽车音响系统检测与维修 ………… 98
 项目小结 ………… 104
 复习思考题 ………… 104

项目四 电控安全系统检测与维修 ………… 105
 任务一 安全气囊系统检测与维修 ………… 105
 任务二 防盗报警系统检测与维修 ………… 128
 任务三 电控前照灯系统检测与维修 ………… 141
 任务四 电子导航系统检测与维修 ………… 156
 项目小结 ………… 166
 复习思考题 ………… 166

项目五 高级驾驶辅助系统故障检测与维修 ………… 167
 任务一 驻车距离报警系统检测与维修 ………… 167
 任务二 自动泊车系统故障检测与维修 ………… 177
 任务三 车道变换辅助系统故障检测与维修 ………… 182
 任务四 自适应巡航系统故障检测与维修 ………… 187
 项目小结 ………… 195
 复习思考题 ………… 195

项目六 智能网联汽车认知 ………… 196
 项目小结 ………… 204
 复习思考题 ………… 204

参考文献 ………… 205

项目一　汽车车身电控系统的认识

项目导读

> **知识目标：**
> 　　掌握车身电控系统的基本内容。
> **技能目标：**
> 　　1) 能正确识读车身电控系统电路图。
> 　　2) 掌握车身电控系统诊断程序。

任务一　汽车车身电控系统电路认知

任务导入

　　车身电控系统的特点是在电路中多了一些操作开关，有些操作开关直接与车身电控单元（Electronic Control Unit，ECU）相接，为车身ECU提供信号，相当于一个传感器。所以，在诊断车身电控系统电路故障时，首先要读懂电路图，确认车身ECU的输入信号有哪些，输出信号控制哪些执行器；然后读故障码及数据流，做主动测试。这样，在无须拆下任何零件的情况下，就可以进行相关的测试，极大地提高了车身电控系统的诊断效率。

相关知识

一、车身电子控制技术的基本内容

　　随着新兴技术的不断发展，尤其是计算机技术、电子控制技术、人工智能及网络通信技术在汽车上的广泛应用，为汽车向电子化发展创造了必要的条件。电子技术在汽车上的广泛应用，是当今汽车工业发展的重要标志之一。

　　随着汽车工业的不断发展和汽车保有量的日益增多，世界各国都面临着严重的汽车排放污染、能源危机以及汽车行驶安全性等问题。面对这些实际问题，传统的汽车技术已无法解决。与此同时，世界各国针对上述问题制定了一些相应的法规，迫使世界范围内汽车工业进行技术革新。为解决汽车的污染、节能、安全问题，汽车上广泛采用了电控技术，如电控燃油喷射系统、电控自动变速系统和防抱死制动系统（Antilock Brake System，ABS），许多新产品层出不穷。随着人们对汽车舒适性及智能化的不断追求，电控技术将给汽车工业带来划时代的变革。

　　从传统意义上讲，汽车由发动机、底盘、车身和电器四部分组成。而汽车发展至今，电控技术已贯穿汽车的每一个部分。纵观近几年汽车电控技术的发展，可以看出发生变化最大

的是车身电器部分。车身电器不仅在数量上大量增加,而且大部分都已采用了计算机控制系统。车身电控技术的基本内容如下:

(1) 仪表方面 电子转速表、电子车速里程表、电子燃油表和多功能综合屏幕显示。

(2) 安全方面 电控安全气囊、防盗报警系统、电控前照灯系统、雷达防碰撞系统和夜视系统。

(3) 舒适方面 中央门锁控制系统、电动车窗与电动天窗、电动座椅、电动后视镜与电控除霜系统、平视显示系统、无钥匙便捷上车及起动系统、音响系统。

(4) 通信与智能化方面 电子导航系统、车载电话与计算机网络系统、黑匣子、故障自诊断系统、智能汽车及其运输系统。

二、车身电控系统的基本组成

车身电控系统的组成框图如图1-1所示,主要是由信号输入装置、电控单元(ECU)、执行器或仪表板上的显示器等组成。

1. 信号输入装置及输入信号

信号输入装置是指各种传感器或驾驶人操纵的按钮,车身电控单元的输入信号主要是传感器或驾驶人操纵按钮所产生的电压信号。

图1-1 车身电控系统的组成框图

随着控制功能的扩展,输入信号在不断增加。一般来说,输入电控单元的信号只能是电压信号,电压信号分为模拟信号和数字信号。

1) 模拟信号。模拟信号是指在给定范围内连续变化的信号,如图1-2a所示。来自传感器的信号大都是模拟电压信号。

2) 数字信号。数字信号是指离散的信号,可以用1和0表示的通-断、有-无或高-低等两种状态。在车身控制系统中,由于采用了计算机技术,与以往的模拟电路相比,数字信号处理的速度和容量都大大提高。电控单元中的中央处理器(CPU)能接收的信号为数字信号,如图1-2b所示。

简单的数字信号发生器如图1-3所示。驾驶人操纵的开关相当于一个数字信号发生器,当开关打开时,电控单元A点处电压为5V;当开关闭合时,电控单元A点处电压为0V。对于那些只需要是-否或开-停的工作状态,都可以用开关控制输入信号。开关通常是控制搭铁的。

图1-2 输入车身电控单元的信号种类
a) 模拟信号   b) 数字信号

图1-3 简单的数字信号发生器
1—开关   2—电控单元

2. 车身电控单元

电控单元(ECU)是汽车电控系统中的核心部件。低档汽车的电控单元较少,一般只有几个；高档汽车的电控单元较多，如宝马 E65 车型的电控单元有 69 个。目前，世界各国汽车制造公司还没有将汽车电控单元的名称统一。例如发动机电控单元，宝马汽车公司称之为 DME 模块（柴油机电控单元为 DDE 模块），通用汽车公司称之为 ECM 模块，而丰田汽车公司称之为发动机 ECU。

车身电控单元由输入接口、中央处理器（CPU）和输出接口等组成，如图 1-4 所示。车身电控单元所具有的基本功能如下：

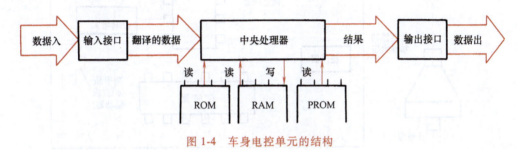

图 1-4 车身电控单元的结构

1）输入。电控单元接收来自传感器或驾驶人操纵按钮的电压信号，同时给传感器提供基准工作电压（2V、5V、9V 或 12V）。

2）处理。电控单元采集输入信息，通过逻辑电路将输入信号加工成输出信号。

3）存储。程序指令、车辆参数、运算数据及故障信息等被存入存储器中。

4）输出。电控单元将输入信号处理后，核对其程序指令，然后向执行器发出控制命令，或向仪表板输出其他信息。

（1）输入接口 输入接口也称为输入回路，其作用如图 1-5 所示。从传感器传递的输入信号一般都要经过输入回路滤波、整形和放大等处理后，才能送到中央处理器进行运算。由于传感器输入电控单元的信号有模拟信号和数字信号两种，而电控单元只能接收数字信号，因此，要用输入接口电路将模拟信号转换成数字信号，即在输入接口中采用 A-D 转换器（模拟-数字转换器），如图 1-6 所示。

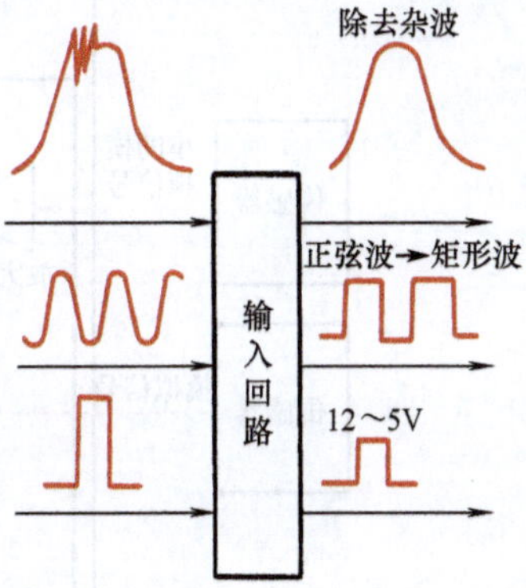

（2）中央处理器 中央处理器也称为微处理器，由运算器、存储器与控制器等组成。

运算器的功用是将输入的信号进行数据算术运算和逻辑运算，然后将结果和运算数据暂时存储在存储器中。

图 1-5 输入接口的作用

存储器的功用是记忆存储程序和数据。它一般由几个只读存储器（ROM）和随机存取存储器（RAM）组成。只读存储器（ROM）存储内容一次写入后就不能改变，但可以调出；随机存取存储器（RAM）既能读出数据，也能写入数据。

控制器的功用是按照程序完成各装置之间的信号传递。

（3）输出接口 由于电控单元输出的电压信号是数字信号，而有些执行器需要电控单元输出模拟信号，因此，输出接口需要 D-A 转换器（数-模转换器），如图 1-6 所示。同时，由于电控单元输出的电压信号较低，不能直接控制执行元件，因此，在电控单元输出接口电路中大多采用由大功率晶体管组成的输出驱动器（图 1-7），由电控单元输出信号控制晶体

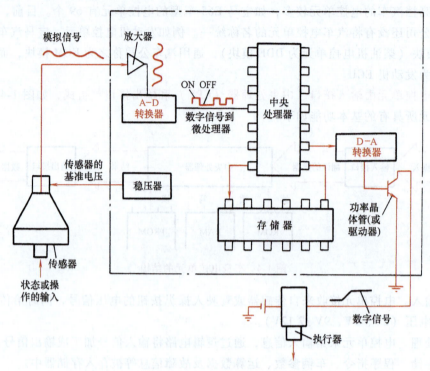

图 1-6 车身电控单元的信号转换

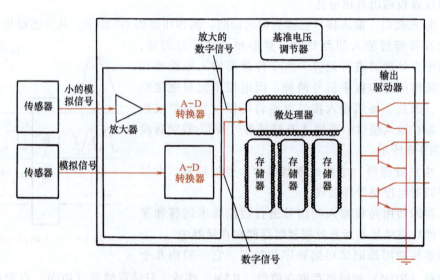

图 1-7 电控单元输出接口电路中采用由大功率晶体管组成的输出驱动器

管的导通与截止,从而控制执行器的搭铁回路。

3. 执行器

执行器是由车身 ECU 控制,具体执行某项控制功能的装置。它包括电动机、继电器、开关和电磁阀。随着控制功能的增加,执行器相应地增加。车身 ECU 一般是通过控制执行器电磁线圈的搭铁回路来控制执行器的,如图 1-8 所示。

项目一 汽车车身电控系统的认识

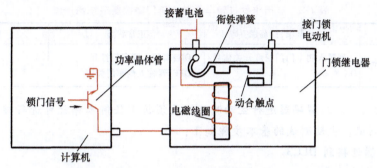

图 1-8 由车身 ECU 控制的执行器

项目实施环境

1)理实一体化教室授课,每个学习小组 1 个标准工位。

2)每个工位配轿车(丰田卡罗拉)1 辆,解码器 1 辆,万用表 1 块及各种导线、电工常用的各种钳子、螺钉旋具等。

3)每组配有丰田卡罗拉轿车维修手册 1 套,配有车窗主开关 1 个、驾驶人侧门锁总成 1 个。

项目实施步骤

1. 正确识图

图 1-9 所示为丰田卡罗拉轿车驾驶人侧门锁控制电路。此电路为典型的车身电控电路,它由车身 ECU、门锁开关及门锁总成三部分组成。请说出系统中每个部分的作用,并完成表 1-1 的填写。

表 1-1 丰田卡罗拉轿车驾驶人侧门锁控制电路的组成及作用

序号	名称	作用
1	门锁开关	
2	车身 ECU	
3	门锁总成	

2. 故障诊断程序

当电动门锁系统出现故障时,正确的诊断程序如下:

1)验证故障现象。

2)用解码器读取电动门锁控制系统的故障码,然后根据故障码的提示进行维修。

3)用解码器读取电动门锁系统的数据流。

用解码器可以读取开关、传感器、执行器及其他项的数值或状态,而无须拆下任何零件。读取数据流的基本步骤如下:

① 将解码器连接到故障诊断座(数据链路插接器)DLC3。

② 将点火开关置于 ON(IG)位置。

③ 根据检测仪上的显示读取数据表。

丰田卡罗拉轿车驾驶人侧门锁控制系统数据流见表 1-2。

表1-2 丰田卡罗拉轿车驾驶人侧门锁控制系统数据流

检测仪显示	测量项目/范围	正常状态	实测结果
D Door Courtesy SW	驾驶人侧车门门控灯开关信号/ON 或 OFF	ON:驾驶人侧车门打开 OFF:驾驶人侧车门关闭	

4) 做主动测试。用解码器进行主动测试,无须拆下任何零件就可进行继电器、执行器和其他项目的测试。主动测试的基本步骤如下:

① 将解码器连接到 DLC3。
② 将点火开关置于 ON (IG) 位置。
③ 根据解码器显示进行主动测试。

丰田卡罗拉轿车驾驶人侧门锁控制系统主动测试结果见表1-3。

表1-3 丰田卡罗拉轿车驾驶人侧门锁控制系统主动测试结果

检测仪显示	测试部位	控制范围	实测结果
Door Lock	操作门锁电动机	LOCK/UNLOCK	

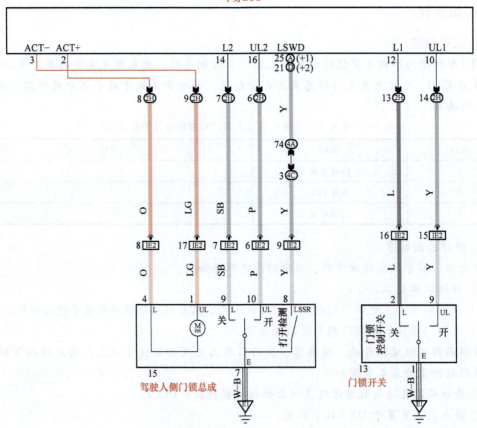

图1-9 丰田卡罗拉轿车驾驶人侧门锁控制电路

任务二　汽车车身总线结构认知

任务导入

车主报修：丰田卡罗拉汽车没有冷气。

相关知识

随着汽车电子技术的发展，中高档汽车上的舒适系统和安全系统已经广泛使用了电子控制技术，如传统的照明系统、仪表系统、中央门锁控制系统、门窗系统、刮水器系统、电动座椅及空调等系统现都已经采用了电子控制技术，再加上安全气囊系统、防盗报警系统、电子导航系统、防碰撞系统及娱乐/通信/显示系统，这样，车身采用电子控制技术的系统就非常多了。图1-10所示为宝马E65轿车车身电控单元（ECU）网络图，表1-4给出了宝马E65轿车车身各ECU的控制内容。

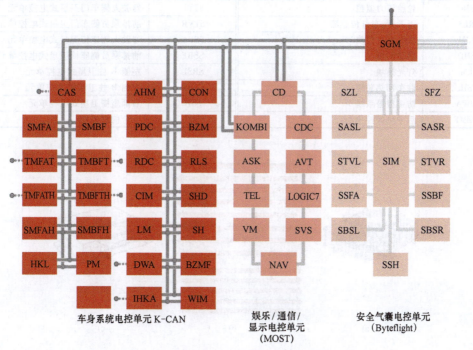

图1-10　宝马E65轿车车身电控单元（ECU）网络图

由于车身各系统都已采用了电子控制技术，电控系统越来越复杂，有些传感器信号，如车速传感器信号，在上述各电控系统中多数都需要车速传感器提供的车速信号，即一些数据信息需要在不同的电控系统中共享，在各电控单元之间需要实时交换信息。很显然，在这种情况下，车身每个系统的ECU之间仍然采用传统的点到点连接方式（图1-11）显然是不适应的。为解决车身各电控单元之间的数据传输，在借鉴计算机网络和现场控制技术的基础上，汽车总线技术在汽车上得到了广泛的应用，即在汽车车身每个系统的电控单元之间通过双线总线互相连接，如图1-12所示。

表 1-4　宝马 E65 轿车车身各 ECU 的控制内容

名　称	控　制　内　容	名　称	控　制　内　容
SGM	安全和网关模块	IHKA	自动恒温空调
CAS	便捷上车及起动系统	WIM	刮水器模块
SMFA	驾驶人侧座椅调整模块	CD	控制显示
SMBF	前排乘员侧座椅调整模块	KOMBI	组合仪表
TMFAT	驾驶人侧车门模块	CDC	CD 光盘转换盒
TMBFT	前排乘员侧车门模块	ASK	音频系统控制器
TMFATH	驾驶人侧后车门模块	AVT	天线放大器/调谐器
TMBFTH	前排乘员侧后车门模块	TEL	电话
SMFAH	驾驶人侧后部座椅调整模块	LOGIC7	功率放大器
SMBFH	前排乘员侧后部座椅调整模块	VM	视频模块
HKL	行李舱盖提升装置	SVS	语音输入处理系统
PM	供电模块	NAV	导航系统
AHM	挂车模块	SZL	转向柱开关中心
CON	I-Drive 控制器	SFZ	车辆中心卫星式电控单元
PDC	驻车距离报警系统	SASL	左侧 A 柱卫星式电控单元
BZM	中央操控中心	SASR	右侧 A 柱卫星式电控单元
RDC	轮胎压力监控	STVL	驾驶人侧车门卫星式电控单元
RLS	雨天/行车灯传感器	STVR	前排乘员侧车门卫星式电控单元
CIM	底盘集成模块	SSFA	驾驶人侧座椅卫星式电控单元
SHD	活动天窗	SSBF	前排乘员侧座椅卫星式电控单元
LM	灯光模块	SBSL	左侧 B 柱卫星式电控单元
SH	驻车预热装置	SBSR	右侧 B 柱卫星式电控单元
DWA	防盗报警系统	SSH	后部座椅卫星式电控单元
BZMF	后中央操控中心	SIM	安全信息模块

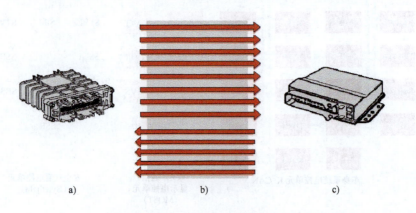

图 1-11　电控单元与电控单元之间传统的点到点连接方式
a) 电控单元　b) 导线　c) 电控单元

一、汽车总线分类

汽车总线技术也称为车载网络技术，主要用于车辆内部各系统控制模块之间的通信。根据通信协议，车载网络分类如下：

1. CAN 总线

CAN（Controller Area Network）即控制器局域网。CAN 总线是支持分布式控制的串行数

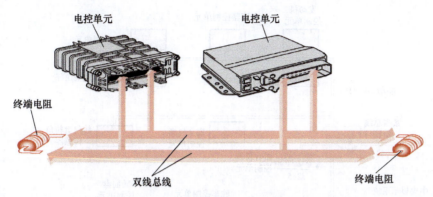

图1-12 电控单元与电控单元之间通过双线总线连接

据通信总线,是汽车上应用最广泛的网络总线。其采用铜质双绞线时,最大数据传输速率为1Mbit/s。CAN总线终端设有终端电阻,其作用是防止由于总线末端阻抗变化而产生信号反射,影响通信质量,终端电阻一般为120Ω。

图1-13所示为德国大众汽车CAN总线图。其中,驱动CAN总线的数据传输速率为500kbit/s(高速CAN总线),舒适CAN总线的数据传输速率为100kbit/s(低速CAN总线),娱乐信息CAN总线的数据传输速率为100kbit/s,LIN总线的数据传输速率为20kbit/s。

2. LIN总线

LIN(Local Interconnect Network)总线是专门为汽车开发的低成本串行数据通信网络,也称为局域网子系统,辅助CAN总线工作,是单线总线,数据传输最大速率为20kbit/s。它主要应用于电动门窗、座椅调节、灯光照明等系统控制。1个LIN总线主控单元最多可与16个从控单元进行数据交换。

3. MOST总线

MOST(Media Oriented System Transport)总线是一种基于多媒体定向系统传输的网络系统,拓扑结构多为环形结构,采用光纤总线,数据传输速率为22.5Mbit/s。车载音响、车载CD、车载电话、车载电视、电子导航系统、中央信息显示系统等各个控制单元通过一个环形的MOST总线连接起来。MOST总线网络支持"即插即用"方式,在网络上可随时添加或去除设备,最多可连接64个节点。

MOST总线系统数据传输方式是定向传输,控制单元通过一根光纤沿着一个方向将数据传送至环形结构中的下一个控制单元,这个过程一直持续到数据返回至最初发出数据的那个控制单元,形成一个闭合的环路。

4. FlexRay总线

汽车的发展趋势是自动驾驶及无人驾驶,为实现这一目标,传统的汽车电控技术如动力转向系统、制动系统等与安全相关的电控系统开始采用更先进的线性控制技术,同时,车距控制单元、图像处理控制单元、防滑控制单元、水平高度控制单元等对信号数据传输的要求越来越高,为此,新型的汽车总线技术FlexRay总线产生,并将成为新一代CAN总线的主流技术。

FlexRay总线采用双通道数据传输,总线数据传输速率更高,最大数据传输速率可达到20Mbit/s,具备故障容错和冗余信息传送能力。它将事件触发和时间触发两种方式相结合,

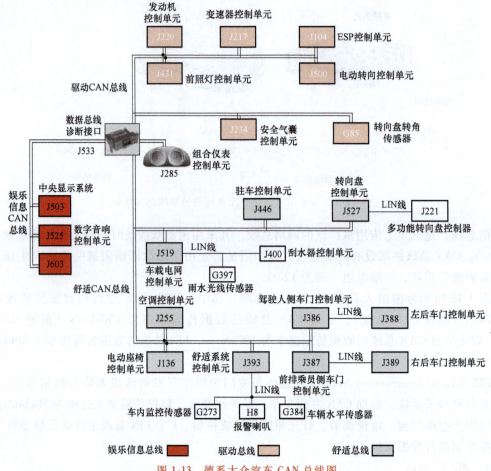

图 1-13 德系大众汽车 CAN 总线图

支持各种网络拓扑结构。

5. 以太网

以太网（Ethernet）是互联网中使用最多和最广泛的网络技术。随着汽车在智能化、网联化方面的快速发展，智能网联汽车的时代即将到来，传统车载网络已无法满足智能网联汽车时代通信需求，以太网将在汽车上被广泛应用。

二、CAN 总线简介

1. 采用 CAN 总线技术的优点

1) 节约线束，减轻车重。
2) 信息共享。一个电控单元的数据可同时发送到多个电控单元。
3) 提高信息传输的效率与可靠性。

宝马汽车的 CAN 总线数据传输速度：车身总线为 100kbit/s，动力总线为 500kbit/s，安全气囊总线为 10Mbit/s，娱乐/通信/显示系统总线为 22.5Mbit/s。

4) 为更多的电控单元接入车辆创造了条件。

2. 网关

如前所述，在宝马 E65 轿车中同时安装了多个总线系统。在不同的总线系统之间需要进行数据交换。然而,对于不同的总线系统,其信号的传输速度不同,且在光学总线系统中是借助光脉冲传输数据的。

为了能够在总线系统之间交换数据,必须在不同的总线系统之间实现连接。该连接借助专用电控单元(即所谓的网关)实现。

网关用作总线系统之间的接口,用于连接不同类型的总线系统。各个总线系统的数据传输速度和传输方法不同,网关可以使它们之间的数据交换成为可能。通过网关可连接具有不同逻辑和物理性能的总线系统。

不同总线系统的输出数据到达网关,在网关中过滤各个信息的速度、数据量和紧急程度,并在必要时进行缓冲存储。宝马E65轿车中的下列电控单元具有网关功能:

1)安全和网关模块(SGM)。
2)便捷上车及起动系统(CAS)。
3)电控显示(CD)。
4)组合仪表(KOMBI)。

3. 光学总线系统

语音或图像的数据传输量越来越大。为了满足该需求,在网络技术中越来越多地使用光缆信号传送系统。这种技术能够传输大量数据,同时具有抗电磁干扰和抗静电干扰等优点。

此外,光缆与铜导线相比重量更轻。与数据传输时传输数字或模拟电压信号的铜导线不同,光缆传输光束。光缆与铜导线信号传输原理对比如图1-14所示。最常用的光缆有塑料光缆和玻璃光缆两种。

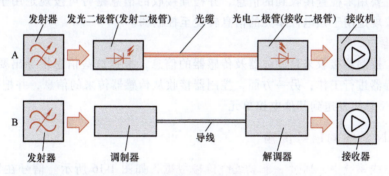

图1-14 光缆与铜导线信号传输原理对比
A—光传输 B—电传输

在BMW车辆中安装了以下两种光学总线系统:

(1)安全气囊总线(Byteflight) 安全气囊总线是一种使用光缆的星形总线系统。它以10Mbit/s的速度传输数据。

(2)娱乐/通信/显示系统总线(MOST) 娱乐/通信/显示系统总线是一种使用光缆的环形总线系统。它以22.5Mbit/s的速度传输数据。

三、CAN总线的结构

CAN总线的结构如图1-15所示。根据需要可在CAN总线上连接多个电控单元,每个电控单元控制着一个系统。CAN总线系统的结构包括电控单元、总线及终端电阻三部分。总线终端是一个电阻器,也称为终端电阻,其作用是避免数据在终端产生反射波而干扰数据的传输。

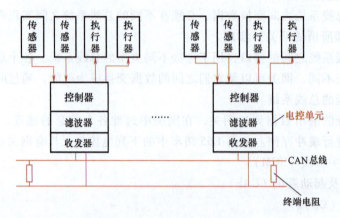

图 1-15　CAN 总线的结构

在 CAN 总线系统中,电控单元由收发器、滤波器及控制器构成。

1. 收发器

电控单元通过收发器(发射器和接收器)连接在 CAN 总线上。收发器使电控单元能够通过 CAN 总线发射和接收信息。

2. 滤波器

滤波器主要用来检查接收到的信息,并检查接收的信息是否可按规定用于该电控单元,并且只把可按规定用于该电控单元的信息转发至控制器。

3. 控制器

一方面,控制器接收来自滤波器及传感器的信息,根据这些信息推导出要执行的动作,然后控制执行器进行工作;另一方面,控制器接收从传感器传来的信息,并把这些信息通过收发器和 CAN 总线发送到其他电控单元。

四、CAN 总线的信号传输

在双线总线系统中,通过一条双绞线传输数据,如图 1-16 所示。信号在导线上以推挽方式传输。

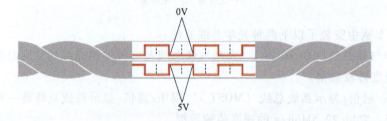

图 1-16　双线总线系统中的信号传输方式

数据的传递方式是在每一时刻,两根总线上相应的电位是反向的,从而使两根总线所产生的电磁场效应由于极性相反而相互抵消。导线的绞合和信号传输方式保证总线系统的抗干扰能力非常高。

由于信息是以推挽方式（差分方式）输入到总线上的，每根总线的零位线将因外界干扰移动相同的量，而两根总线的电压差值保持不变，因此，外界杂波对信号没有影响。CAN总线抗外界杂波干扰原理如图1-17所示。CAN总线的两根导线被称为CAN高位数据线（CAN-H）和CAN低位数据线（CAN-L）。

五、CAN总线系统的检测

由于信息通过导线的传输速度受导线物理性能和外界干扰信号的干扰性影响，因此，CAN总线技术标准中规定，导线最大长度为40m时，所对应的最大传输速度为1Mbit/s。在规定范围内，传输速度越低，导线就可以越长。

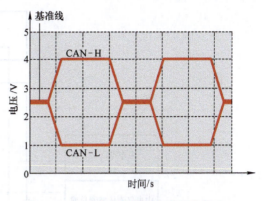

图1-17　CAN总线抗外界杂波干扰原理
CAN-H—CAN高位数据线
CAN-L—CAN低位数据线

CAN总线的结构坚固、可靠性强，一般情况下搭铁短路、对车载网络电压短路和总线间相互短路不会损坏电控单元。

CAN总线的所有故障通常被存储在故障码存储器中。只有少数故障可以进行简单的诊断，绝大多数故障必须进行详细的检查才能诊断。

1. 终端电阻检测

图1-18所示为丰田卡罗拉轿车CAN总线图。总线电阻的检测方法与标准见表1-5。

表1-5　丰田卡罗拉轿车总线电阻的检测方法与标准

端子	配线颜色	条件	规定状态
6(CAN-H)-14(CAN-L)	LG-W	点火开关置于OFF位置	54~69Ω
6(CAN-H)-4(CG)	LG-W-B	点火开关置于OFF位置	不小于200Ω
14(CAN-L)-4(CG)	W-W-B	点火开关置于OFF位置	不小于200Ω
6(CAN-H)-16(BAT)	LG-G	断开蓄电池负极端子连接	不小于6kΩ
14(CAN-L)-16(BAT)	W-G	断开蓄电池负极端子连接	不小于6kΩ

2. 波形检测

短路和由水汽引起的接触电阻所产生的故障通常只能用示波器进行诊断。为了能够同时显示CAN-H和CAN-L上的信号，此示波器应具有两个通道，即使用双通道示波器。

在连接测量导线并调整示波器后，可以结合故障实际对波形图进行分析。在分析波形时要注意，用示波器进行测量必须考虑一个最大10%的测量误差。图1-19所示为无故障电压信号波形，图1-20所示为一根总线对工作电压短路的信号波形，图1-21所示为一根总线搭铁短路的信号波形，图1-22所示为总线之间短路的信号波形。

当总线之间短路时，总线进入单线运行模式。如果一根总线上的信号电压值与标准不符，则说明总线电路中有短路或因水汽引起的接触电阻，一般不是直接短路。

进行CAN总线系统诊断和故障查询时，主要是检查总线上的信号电压对应于额定值以及总线上的信号关系是否正常。如果总线上的电压信号不存在问题，则可以认为总线处于正常工作状态，车辆中出现的故障另有其他原因。

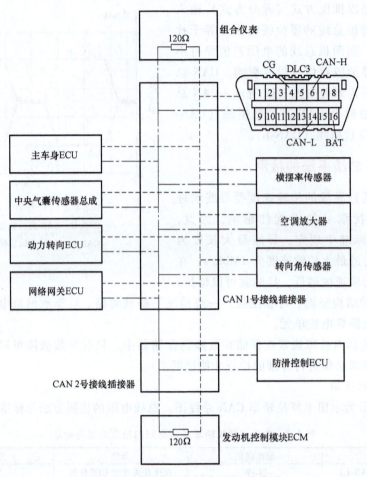

图 1-18 丰田卡罗拉轿车 CAN 总线图

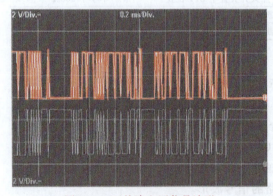

图 1-19 无故障电压信号波形

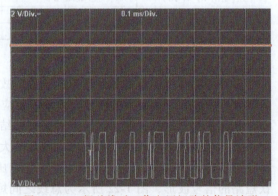

图 1-20 一根总线对工作电压短路的信号波形

六、CAN 总线的维修

1. 材料为铜导线的双绞线 CAN 总线维修

对于双绞线 CAN 总线，网络中每个电控单元是通过插头连接到 CAN 总线上的，插头与

项目一 汽车车身电控系统的认识

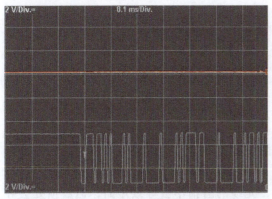

图1-21 一根总线搭铁短路的信号波形   图1-22 总线之间短路的信号波形

CAN总线的连接点称为压接点。每个插头与CAN总线的压接点有两个（每根CAN总线上只有一个压接点），两个压接点有严格的技术要求。在维修CAN总线时，为了避免由于维修而产生新的故障隐患，CAN总线的压接点绝对不能打开和更新。

CAN总线的绞合情况对于CAN总线的防干扰具有决定意义。只有绞合不受损坏，才能保证CAN总线正常工作。由于这个原因，在维修CAN总线时应尽可能减少破坏总线的绞合。CAN总线的维修技术规范如图1-23所示。

2. 材料为光缆的CAN总线维修

对带光缆的车辆总线进行维修时，需要特别仔细。与铜导线相反，光缆损坏不会立即导致故障，故障现象可能在以后某个时刻才可能出现。

阻尼是衡量通过光缆进行数据传输时信号质量和可靠性的一个尺度。阻尼过大可能有不同的原因。

（1）弯曲半径　如图1-24所示，塑料光缆的弯曲半径不允许小于50mm。当弯曲半径小于50mm时，光束不能正确反射，将妨碍信号的传输，甚至会损坏塑料光缆。

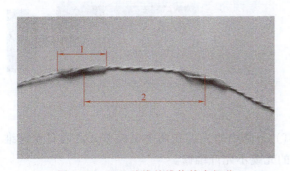

图1-23 CAN总线的维修技术规范
1—绞合只可解开最长50mm　2—CAN总线断开处要与下一个压接点相距至少100mm

图1-24 塑料光缆的弯曲半径

（2）光缆被弯折　在装配时，禁止弯折光缆。如果弯折，则会损坏光纤芯和包装层，光线将在弯折处部分散射（图1-25），其后果是加大传输损失。即便是短暂弯折，也会损坏光缆。

图1-25 光缆被弯折

（3）光缆被挤压　**任何情况下都必须避免光缆有压痕**。这是因为光缆的横截面会由于压力而变形，在传输时光线会丢失；拧得过紧的导线扎带也可能引起光缆压痕，如图1-26所示。

（4）光缆的包装层损坏　与铜导线不一样，光缆的磨损不会导致短路，但磨损处会导致光线损失或导致外来光线射入，使系统被干扰或完全失灵，如图1-27所示。

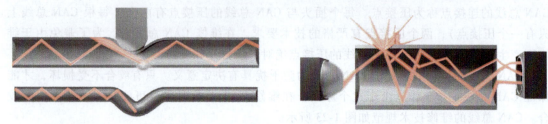

图1-26 光缆被挤压　　　　　图1-27 光缆的包装层损坏

（5）光缆被拉伸　由于拉伸，芯线被拉长且光纤芯的横截面减小，从而使光通量减小，如图1-28所示。

（6）光缆过热　光缆过热不会立即导致故障，但在以后会导致总线损坏。例如：在烘干油漆或焊接时，温度不允许超过85℃。

（7）光缆端面污染或刮坏　污染或刮坏的端面可能导致CAN总线故障，如图1-29所示。

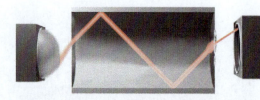

图1-28 光缆被拉伸　　　　　图1-29 光缆端面污染或刮坏

另外，娱乐/通信/显示系统总线（MOST）系统中的光缆在两个电控单元之间只允许维修一次。安全气囊总线（Byteflight）系统中的光缆不允许维修。

【任务实施环境】

1）理实一体化教室授课，每个学习小组1个标准工位。

2）每个工位配轿车（丰田卡罗拉）1辆，万用表1块，各种导线，电工常用的各种钳子、螺钉旋具等。

3）每组配有丰田卡罗拉轿车维修手册1套。

项目一 汽车车身电控系统的认识

【任务实施步骤】

1. 确认故障

起动发动机,打开制冷,调节出风口模式及温度,确认没有冷气,故障存在。

2. 故障检测

导致空调系统不制冷这一故障现象的原因有很多,包括机械方面、电路方面、车载网络方面等,这里只介绍如何检查CAN总线是否存在故障。

1) 连接解码器,将点火开关置于IG位置,解码器进入系统检测菜单,所有参与总线通信的模块都应显示出来。若菜单中没有"空调系统"条目,则说明空调系统与车辆通信出现故障。

2) 关闭点火开关并拔下车钥匙,保持车辆处于静止状态,不要操控车辆任何系统。图1-30所示为空调放大器与CAN总线通信连接图,在DLC3端口测量端子6与14之间的总线电阻,标准应为54~69Ω。若正常,则进入下一步。

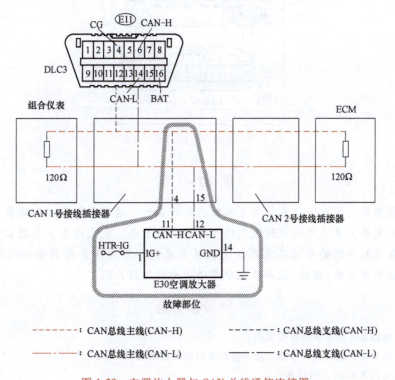

图1-30 空调放大器与CAN总线通信连接图

3) 断开空调放大器线束插接器,其检测方法如图1-31所示,检测标准见表1-6。若正常,则更换空调放大器。

表1-6 空调放大器线束端检测CAN总线方法及标准

检测仪连接	条件	规定状态
E30-11(CAN-H)-E30-12(CAN-L)	点火开关置于OFF位置	54~69Ω
E30-1(IG+)-车身搭铁	点火开关置于ON(IG)位置	10~14V
E30-14(GND)-车身搭铁	始终	小于1Ω

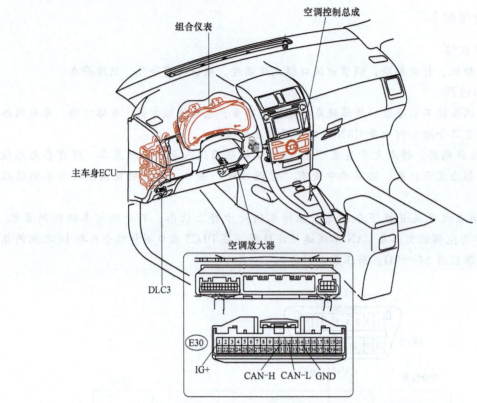

图 1-31 检测空调放大器线束端子

项 目 小 结

车身电控系统包括电子仪表、安全系统、舒适系统、通信与智能化系统等。随着车身电子控制技术的发展,车身电控系统控制的内容越来越复杂。现代汽车多采用 CAN 总线技术,使汽车车身各电控系统的电控单元通过总线互相连接。因为语音或图像传输数据量越来越大,所以,在车身娱乐/通信/显示系统中常使用光缆总线系统。

复习思考题

1-1 车身电控系统的基本内容有哪些?
1-2 电控单元中的输入接口电路与输出接口电路的功能是什么?
1-3 什么是汽车 CAN 总线技术?
1-4 汽车总线如何分类?

项目二　电子仪表与综合信息显示系统检测与维修

项目导读

> **知识目标：**
> 　　掌握电子仪表的基本组成与工作原理。
> **技能目标：**
> 　　1）能正确识读车身电控系统电路图。
> 　　2）能正确诊断电子仪表系统并排除故障。

任务一　电子仪表不工作故障检测与维修

任务导入

电子仪表也称作组合仪表，其信息功能强大，通常作为一个独立的控制单元与车身 ECU、发动机 ECU 等通过 CAN 总线进行数据交换。由于控制系统复杂，因此，对电子仪表系统的检测与维修是重要的维修技能之一。当打开点火开关时，电子仪表不工作，即仪表上的指示针及各种警告灯都不显示，此种现象为电子仪表不工作。

相关知识

汽车仪表是驾驶人与汽车进行信息交流的重要装置，对驾驶人正确判断汽车的运行状态及安全行车起着重要的作用，因而要求汽车仪表指示准确、读法方便、轻巧、美观且耐用、可靠。

传统的汽车仪表，如电流表、车速里程表、机油表、燃油表和冷却液温度表等，都采用双金属片或磁感应式结构，通过指针和刻度盘实现模拟显示。这些仪表虽然结构简单，但精度不高、可靠性差，体积大、质量大，而且显示的信息量少、视觉性不好、易使驾驶人眼睛疲劳，难以满足人们对汽车舒适性和方便性的要求。

一、电子显示装置

1. 发光二极管（LED）

发光二极管是显示装置中最简单的一种，它体积小、结构简单、耐用，使用寿命长达 5 万 h 以上。

发光二极管的结构如图 2-1 所示，PN 结是由特殊材料做成的。当 PN 结空穴从 P 区流向 N 区和电子从 N 区流向 P 区时，电子从导带跃迁到价带与空穴产生复合外加正向电压放出能量，从而发出一定波长的光。发光二极管的颜色有红、绿、黄、橙，可单独使用，也可用来组成数字或光条图。图 2-2 所示为由发光二极管组成的光条显示器，图 2-3 所示为由发光二极管组成的数码显示器，图 2-4 所示为由发光二极管组成的点阵显示器。发光二极管还常用作汽车仪表板上的警告灯，例如燃油、制动液和风窗洗涤液等液面过低，制动蹄片过薄，制动灯、尾灯和前照灯等灯泡烧坏时，警告灯就会亮。

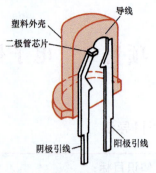

图 2-1　发光二极管的结构

发光二极管的缺点：在环境暗的情况下，效果较好，但在阳光直射下很难辨识；若要增大其亮度，则需要特别大的电流，功率消耗较大，故使用受到限制。

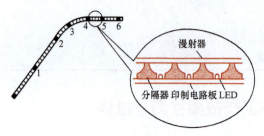

图 2-2　由发光二极管组成的光条显示器

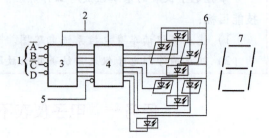

图 2-3　由发光二极管组成的数码显示器
1—二进制编码输入　2—逻辑电路
3—译码器　4—驱动器　5—小数点控制端
6—发光二极管电源　7—8 字形

2. 液晶显示器（LCD）

液晶是一种有机化合物，由长形杆状分子构成。在一定的温度范围内，它具有普通液体的流动性，也具有晶体的某些特征。液晶的光学性质是随着分子排列方向的变化而变化的。当在液晶上加一个电场时，液晶杆状分子的长轴方向发生变化，因此，液晶的光学性质也发生变化。液晶显示器是一种被动显示装置，具有显示面积大、耗能少、显示清晰和在阳光直射下不受影响等特点，应用十分广泛。

液晶显示器需要外来光源，因为其自身不能发光，只能起到吸收、反射或透光的作用。外来光源可以是日光，也可以是人为光源。其中，人为光源可以由灯光开关控制，也可以由点火开关的 RUN 档或 ACC 档控制。

液晶显示器是一种新型的非发光型平板显示器，其结构如图 2-5 所示。

在液晶显示器前、后玻璃板之间夹有一层液晶，外表面分别贴有前、后偏光镜，在玻璃板的后面有反射镜。

前偏光镜是垂直偏光镜，后偏光镜是水平偏光镜。液晶显示的数字或光条是透过垂直偏光镜观看的。如图 2-6 所示，液晶的分子排列方式将来自垂直偏光镜的光波旋转 90°，这样垂直方向的光波通过液晶后变成水平方向的光波，水平方向的光波通过水平偏光镜后到达反射镜，经反射镜按原路反射回去。这时透过垂直偏光镜看液晶，液晶呈亮的状态。

如图 2-7 所示，当给液晶加上一个电场时，液晶分子将重新排列，液晶便不能使光波旋转了。来自垂直偏光镜的光波通过液晶后仍是垂直方向的光波，垂直光波无法通过水平偏光镜到达反射镜。这时透过垂直偏光镜看液晶，液晶呈暗的状态。

项目二　电子仪表与综合信息显示系统检测与维修

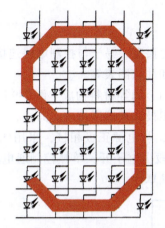

图 2-4　由发光二极管组成的点阵显示器

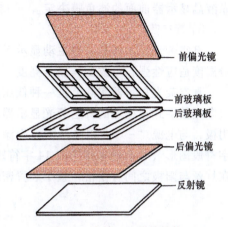

图 2-5　液晶显示器的结构

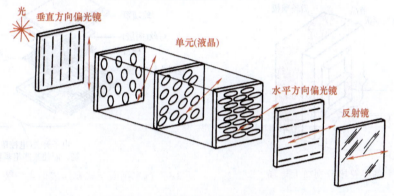

图 2-6　液晶将垂直光波旋转 90°

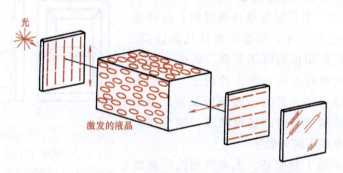

图 2-7　当液晶加上电场被激发时，将不能使光波旋转

通过以上分析可知，当液晶不加电压时，光线可穿过液晶到达反射镜，观察者可以看到液晶呈亮的状态；当液晶加上电压时，液晶分子方向改变，将不能使光波旋转，来自垂直偏光镜的光波经液晶后将不能穿过水平偏光镜，光线无法到达反射镜，观察者看到的液晶呈暗的状态。这样在液晶上制成字符段，分别控制每个字符段的通电状态，即控制哪些字符段呈亮的状态，哪些字符段呈暗的状态，观察者便可在液晶上看到字符了，如图 2-8 所示。

加到液晶上的方波电压，是通过两块偏光镜与前、后玻璃板上的导电字符段轮廓线接触来实现的。前、后玻璃板上有显示字符轮廓形状的金属镀膜。液晶显示器本身没有颜色，只能靠液晶显示器前面的滤色膜决定。

3. 真空荧光显示器（VFD）

真空荧光显示器是一种主动显示系统，使用寿命长、色谱宽，易于与控制电路连接，环境温度适应性强，可改变其显示亮度，能显示数字、单词和柱状图表等。

真空荧光显示器实际上是一种低压真空管，它由玻璃和金属等材料构成。图 2-9 所示为汽车用数字式车速表的真空荧光显示器，由灯丝、栅格、阳极和玻璃罩构成。其中，灯丝为阴极，与电源"-"极相接；阳极为涂有磷光物质的屏幕，与电源正极相接，采用的是 20 字符段图形（也有的采用 7 或 14 字符段图形），每个字符段由电子开关单独控制通电状态；在灯丝与阳极之间有栅格，整个装置密封在被抽真空的玻璃罩内。

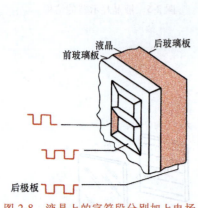

图 2-8 液晶上的字符段分别加上电场

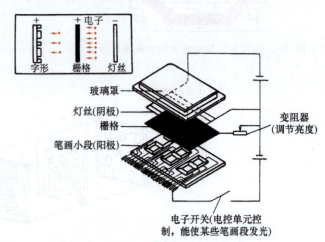

图 2-9 汽车用数字式车速表的真空荧光显示器

真空荧光显示器的工作原理如下：

如图 2-10 所示，当阴极有电流通过时，灯丝便产生热量，释放电子。由于栅格的电位比阴极高，电子被栅格吸引；而阳极的电压更高，这样一些电子穿过栅格，均匀地打在阳极的字符段上。凡是由电子开关通电的字符段，受电子轰击后发亮，否则发暗。这样通过控制字符段的通电状态，便可在真空荧光显示器上形成不同的数字。

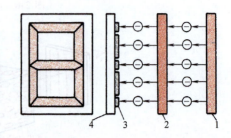

图 2-10 真空荧光显示器的工作原理
1—阴极（灯丝）　2—栅格
3—阳极字符段　4—面板

真空荧光显示器十分明亮，大多数制造厂都做了这样的处理：每当接通灯光开关时，将真空荧光显示器的亮度降至 75%，为了白天有足够的亮度，灯光开关的变阻器可使真空荧光显示器的亮度增强。

由于真空荧光显示器是一种真空管，为保持一定的强度，必须采用一定厚度的玻璃外壳，故体积和质量较大。

二、汽车电子仪表

为适应汽车安全、节能、舒适和低污染等性能的要求，汽车电子控制装置必须能准确、

项目二 电子仪表与综合信息显示系统检测与维修

迅速地处理各种复杂的信息，并以数字、文字或图形显示出来，向驾驶人发出汽车各种工作状态的信号和故障报警信号，而且信息要精确、可靠。因此，现代汽车广泛采用电子仪表。

电子仪表板以数字或光条图形式，配以国际标准（ISO）符号，用来监测汽车或发动机各系统的工作情况。图 2-11 所示为美国 Chrysler（克莱斯勒）汽车公司采用的电子仪表。

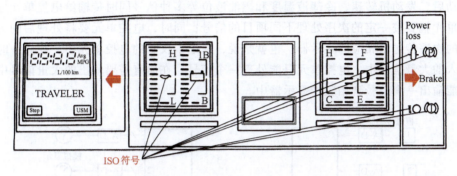

图 2-11 美国 Chrysler（克莱斯勒）汽车公司采用的电子仪表

1. 电子仪表的计算机控制系统

电子仪表系统的工作原理如图 2-12 所示。电子仪表的电控单元包括接口电路、中央处理器（CPU）以及显示驱动电路等，它们与各种信号传感器相接。来自不同传感器的模拟信号或数字信号通过接口电路、中央处理器和显示驱动电路，最后控制电子仪表板的显示器。对于控制电子仪表的电控单元，有的车型采用车身电控单元来控制电子仪表，而有些车型则采用单独的电控单元来控制电子仪表。

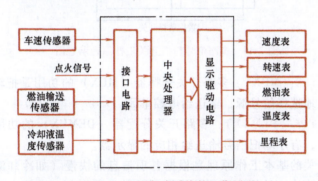

图 2-12 电子仪表系统的工作原理

（1）多路传输　对于控制电子仪表的电控单元来说，每一时刻同时接收来自传感器的大量信号，而同时要向电子仪表的显示器传送各种显示信号。这样整个系统的每个信号在同一时刻若同时处理、同时传送给显示器且显示器同时显示所有的信息，那么电控单元的电路将是非常复杂的。例如：车速显示需要 3 位数，每位数由 7 笔画显示，一般情况下，每位数 7 笔画的电路连接需一个正极接线和 7 根输出线（图 2-3）。这样用于显示 3 位数的车速显示器的接线就需要 3 个正极接线和 21 根输出线，那么整个电子仪表电控单元的电路就太复杂。**为降低成本，节省空间，电**

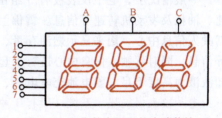

图 2-13 3 位数字显示的多路传输

子仪表板采用多路传输技术，如车速表显示器的 3 位数字共用 7 根输出线，如图 2-13 所示。当显示器工作时，电流在 3 个数字之间快速扫描，每一瞬间只有一个数字发亮，但每个笔画每秒都要开关数千次，因此，驾驶人看到的还是连续发亮的数字或图像。

（2）多路信号转换开关　多路信号转换开关工作原理示意图如图 2-14 所示。当汽车发动机起动后，发动机转速、冷却液温度和燃油液位等多种信号同时传输给电控单元处理，这样电控单元就要按一定的次序处理不同项目的信号；同时，电控单元要将处理后的大量信号按一定的次序传送给相应的显示器。也就是说，在电子仪表的电控单元中，在同一时刻，在所有输入的大量信号中，电控单元只能处理一个信号；在所有需要输出的大量信号中，电控单元只能输出一个信号到相应的显示器中。

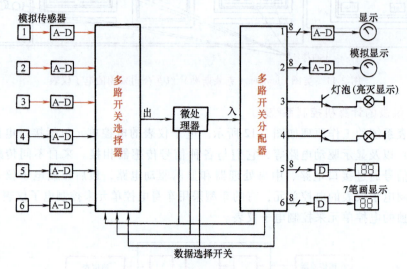

图 2-14　多路信号转换开关工作原理示意图

1）多路开关选择器（MUX）。多路开关选择器（MUX）的功用是把输送给电控单元的大量信号分开，有序地选择信号源，输送给电控单元。

2）多路开关分配器（DEMUX）。多路开关分配器（DEMUX）的功用是把电控单元处理后的所有信号分开，有序地把信号输送给相应的显示器。

多路信号转换开关的基本工作原理是根据各项信息的快慢（如冷却液温度信号变化慢而发动机转速信号变化快）计算出不同信号源开关的接通时刻，即确定对某一信号源在一段时间内选送信息的次数，再根据项目数据的多少编出相应的控制电路，以实现上述控制功能。

2. 电子仪表板的组成

一般情况下，电子仪表板有 3 组由电控单元控制的独立液晶显示器，分别用来显示车速、油耗及发动机转速等信息。雪佛兰汽车电子仪表板如图 2-15 所示，仪表板中央有 1 个驾驶人信息中心，用来显示燃油存量、润滑油压力、冷却液温度、累计行驶里程及平均油耗等信息，同时驾驶人信息中心还有 1 套警告灯系统，用来指示润滑油压力、冷却液温度、冷却液液面高度不足、蓄电池充电电压、制动蹄片磨损、灯泡故障及车门未关等异常情况。

电子仪表板的显示系统一般有 3 种显示方式：数字显示（包括曲线图显示）、模拟显示和指示灯亮灭显示。车速表和转速表常用数字显示和曲线图显示；燃油表可用数字显示，也可用模拟显示。为更准确地显示信息，电控单元对数字显示信号每秒钟修正 2 次；对曲线图显示信号每秒钟修正 16 次；对驾驶人信息中心显示的各种信号每秒钟修正 1 次。

电子仪表的亮度调整通常有两种方式：一种是由电子仪表中的光电池进行自动调整；另一种是像普通仪表照明一样，用灯光开关电路中的变阻器进行调整。

大多数电子仪表板都有自诊断功能，进行自诊断时，按下仪表板上的选择钮。当点火开关转到 ACC 档或 RUN 档时，仪表板便开始一次自检，检验时通常是整个仪表板发亮。与此同时，各显示器的每段字段都发亮。在自检过程中，电子仪表板上用来监测各系统的 ISO 标准符号一般都闪烁，检验完成时，所有仪表都显示当时的读数。若发现故障，便显示一个提醒驾驶人的代码。

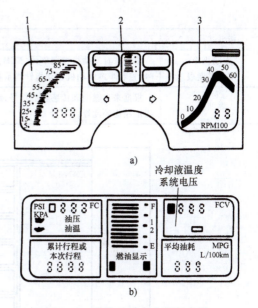

图 2-15 雪佛兰汽车电子仪表板
a）电子仪表板　b）驾驶人信息中心
1—车速表　2—驾驶人信息中心　3—发动机转速表

3. 丰田卡罗拉轿车组合仪表的结构与工作原理

丰田卡罗拉轿车组合仪表的结构如图 2-16 所示，组合仪表的 CAN 总线图如图 2-17 所示，组合仪表的电路原理如图 2-18 所示。

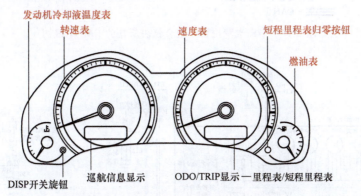

图 2-16 丰田卡罗拉轿车组合仪表的结构

（1）指针式仪表　丰田卡罗拉轿车组合仪表上共有 4 个指针式仪表，每个指针式仪表的工作原理见表 2-1。组合仪表所接收的全部信号见表 2-2。

表 2-1 丰田卡罗拉轿车指针式仪表工作原理

指针式仪表	工 作 原 理
车速表	防滑控制 ECU 根据轮速信号计算出车速信号，并通过 CAN 总线将车速信号传送给组合仪表控制单元，组合仪表 CPU 输出相应的脉冲信号，控制步进电动机驱动指针指示相应的车速
发动机转速表	根据来自发动机控制单元（ECM）的发动机转速信号，组合仪表 CPU 输出相应的脉冲信号，控制步进电动机驱动指针指示相应的发动机转速

(续)

指针式仪表	工 作 原 理
发动机冷却液温度表	根据来自发动机控制单元(ECM)的发动机冷却液温度信号,组合仪表 CPU 输出相应的脉冲信号,控制步进电动机驱动指针指示相应的发动机冷却液温度
燃油表	根据来自燃油表传感器的信号,组合仪表 CPU 输出相应的脉冲信号,控制步进电动机驱动指针指示相应的油量

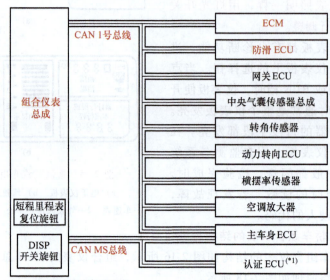

图 2-17 丰田卡罗拉轿车组合仪表所在的 CAN 总线图

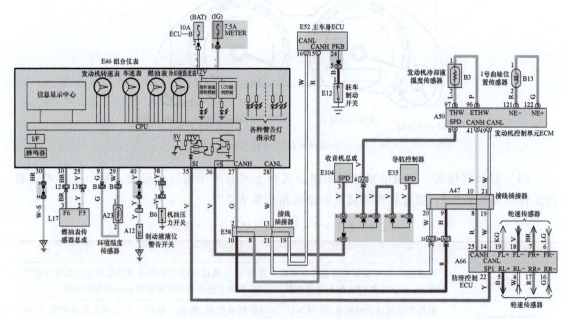

图 2-18 丰田卡罗拉轿车组合仪表的电路原理

表 2-2 丰田卡罗拉轿车组合仪表接收的所有信号

发送单元	发送信号	通信线路
发动机控制单元(ECM)	起动机信号	CAN 总线
	测试模式信号	
	巡航操作指示灯	
	巡航控制警告	
	控制车速	
	充电指示灯	
	TM 机油温度范围	
	发动机冷却液温度信号	
	变速杆位置信号	
	拒绝蜂鸣器信号	
	档位信号	
	节气门开度	
	发动机转速数据	
	燃油喷射量	
	检查发动机警告灯信号	
主车身 ECU	ACC 开关信号	CAN 总线
	钥匙开关信号	
	各门控灯开关信号	
	滑动天窗信号	
	钥匙信号	
	驾驶人侧安全带开关信号	
	驻车制动开关信号	
	远光指示灯信号	
	尾灯指示灯信号	
	前雾灯指示灯信号	
	后雾灯指示灯信号	
认证 ECU	仪表蜂鸣器请求信号	CAN 总线
	按钮起动的信息请求	
	钥匙丢失警告信号	
	钥匙电池电量过低警告信号	
	变速杆位置警告信号	
	转向锁异常警告	
	转向锁解锁警告	
防滑控制 ECU	车速信号	CAN 总线/直线连接
	制动警告灯控制标记	CAN 总线
	ABS 警告灯信号	
	打滑指示灯信号	
	VSC 警告信号	
	制动灯控制标记	
	诊断信号	
中央气囊传感器总成	气囊警告灯信号	CAN 总线

（续）

发送单元	发送信号	通信线路
机油压力开关	发动机机油压力警告灯信号	直线连接
燃油表传感器总成	燃油油位信号	直线连接
转向闪光继电器	左/右转向指示灯信号	直线连接
前照灯变光继电器	远光指示灯信号	直线连接
前、后雾灯继电器	前、后雾灯指示灯	直线连接
制动液液位警告开关	制动液液位警告灯信号	直线连接
前排乘员座椅安全带锁扣开关	前排乘员座椅安全带状态信号	直线连接
前照灯光束高度调整 ECU	前照灯光束高度调整警告灯	直线连接
发电机	充电指示灯	直线连接

（2）信息显示中心　可显示档位、总里程、短距离里程、时间、当前油耗、平均油耗、剩余燃油可行驶里程、平均车速等信息，也可显示外部温度、车内温度、时间及维护信息。

（3）警告灯及指示灯　不同车系警告灯略有差异，警告灯与指示灯的符号含义如下：

1）红色警告灯表示故障紧急，应该立刻停车熄火，等待专业维修人员救援或按照故障提示由驾驶人及时处理。常见的红色警告灯见表2-3。

表2-3　常见的红色警告灯

警告灯	含义	警告灯	含义
	制动装置故障，需要立刻停车，等待专业维修人员处理		电动助力转向系统故障，需要立刻停车，等待专业维修人员处理
	电控机械式驻车制动器故障，需要立刻停车，等待专业维修人员处理		电子转向锁止装置故障，需要立刻与专业维修人员联系，服从安排
	冷却系统温度过高，需要立刻停车，等待专业维修人员处理		自动泊车系统故障，请立刻接管转向盘
	发动机润滑系统油压过低，需要立刻停车，等待专业维修人员处理		自适应巡航控制系统报警，提醒驾驶人立刻接管操控车辆
	发电机不发电，需要立刻与专业维修人员联系，服从安排		空气弹簧悬架故障，立刻低速行驶（不超过60km/h），并与专业维修人员联系
	前部安全带未系，立刻系好安全带		

2）黄色警告灯表示故障预警，车辆可继续行驶，但要及时安排维修计划。常见的黄色警告灯见表2-4。

表2-4　黄色警告灯

警告灯	含义	警告灯	含义
	电控车辆稳定系统（ESC）在工作		风窗清洗液不足，请与专业维修人员联系
	电控车辆稳定系统（ESC）停止工作		车窗刮水器有故障，请与专业维修人员联系

(续)

警告灯	含义	警告灯	含义
(ABS)	防抱死制动系统(ABS)故障,请与专业维修人员联系	?	钥匙不在车内,请找回
	安全系统故障,请与专业维修人员联系		车辆未识别到钥匙,请按照要求重新操作或与专业维修人员联系
	制动摩擦片达磨损极限,请与专业维修人员联系		钥匙电池需要更换,请与专业维修人员联系
(!)	轮胎压力报警,说明有轮胎压力不足		灯泡故障需要更换灯泡,请与专业维修人员联系
TPMS	轮胎压力监控系统报警,请与专业维修人员联系		提示前雾灯在工作
EPC	发动机电子控制系统报警(德系车),请与专业维修人员联系		提示后雾灯在工作
	废气净化系统报警(德系车),发动机与变速器电控系统故障报警(日系车),请与专业维修人员联系		前照灯调节系统报警,请与专业维修人员联系
	燃油箱油很少,请加油(奥迪A6剩10L油,丰田卡罗拉剩8L油)		自适应车灯系统报警,请与专业维修人员联系
	变速器系统报警(德系车),请与专业维修人员联系		光线/雨水感应器系统报警,请与专业维修人员联系

3) 绿色或蓝色等颜色指示灯表示系统正在运行,提醒驾驶人若不需要此功能请及时关闭,见表 2-5。

表 2-5 其他指示灯

指示灯	含义	指示灯	含义
	提示转向信号灯在工作		提示主动式车道辅助系统在工作
	提示定速巡航系统在工作	A	提示智能启动-停止系统在工作
	提示自适应巡航控制系统在工作且前方无行驶车辆	EV	混合动力EV模式在工作
	提示自适应巡航控制系统在工作且前方有车辆行驶	EV	混合动力EV模式停止工作
	远光指示灯,提示灯光开关在远光档位		驾驶人疲劳提示,需要停车休息

三、综合信息显示系统

随着汽车电子技术的飞速发展,汽车电子控制系统所用的传感器不断增多,汽车仪表的电子显示系统从简单地显示传感器信息发展为可以对各种信息进行分析计算和加工处理的综合信息系统。

综合信息显示系统也称为中央信息显示屏（CID），如图2-19所示。中央信息显示屏（CID）与控制器CON、组合仪表、多音频系统控制器、转向柱控制模块等工作电路如图2-20所示。综合信息显示系统基本功能如下：

1) 媒体播放。可播放CD/DVD、SD卡、SIM卡及USB存储设备，接收广播节目。

2) 车载导航。插入SIM卡或者蓝牙连接智能手机，进行数据连接，实现实时路况导航。

3) 倒车影像。PDC、自动泊车影像、轮胎报警显示。

图2-19 组合仪表与中央信息显示屏

1—平视显示屏（HUD） 2—中央信息显示屏（CID） 3—暖风和空调系统操作装置 4—多音频系统控制器（M-ASK）
5—选档开关（GWS） 6—控制器（CON） 7—转向盘操作按钮 8—组合仪表（KOMBI）

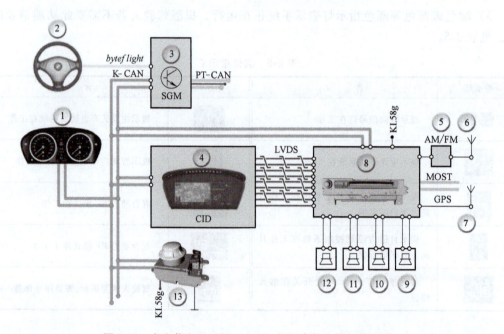

图2-20 中央信息显示屏（CID）与组合仪表等工作电路

1—组合仪表 2—转向柱控制模块（SZL） 3—安全和网关模块（SGM） 4—中央信息显示屏 5—择优多相式天线
6—FM/AM天线 7—GPS天线 8—多音频系统控制器（M-ASK） 9~12—扬声器 13—控制器（CON）

项目二 电子仪表与综合信息显示系统检测与维修

4）车载电话。

5）暖风和空调系统模式显示及操控。

6）车辆维护信息及用户手册。

7）车载电脑。在中央信息显示屏（CID）可触摸输入，也可以实现带有操作系统的键盘输入。

8）车载网络与手机进行热点连接。

驾驶人可以通过操作控制器（CON）来选择中央信息显示屏（CID）的菜单，也可以通过操作转向盘上的操作按钮来选择中央信息显示屏（CID）的菜单。多音频系统控制器（M-ASK）产生 LVDS 数据（Low Voltage Differential Signaling，低压微分信号）用于在中央信息显示屏上显示图像。

【任务实施环境】

1）理实一体化教室授课，每个学习小组1个标准工位。

2）每个工位配轿车（丰田卡罗拉）1辆、解码器1台、万用表1块及各种导线、电工常用的各种钳子、螺钉旋具等。

3）每组配有丰田卡罗拉轿车维修手册1套，配有卡罗拉车仪表总成1个。

【任务实施步骤】

1. 确认故障现象

打开点火开关，仪表不工作。

2. 故障检测

丰田卡罗拉轿车电子仪表常见故障症状及可疑部位见表2-6。由电路控制可以初步确认，故障部位是在仪表电源电路。丰田卡罗拉轿车电子仪表电源电路如图2-21所示。

表2-6 丰田卡罗拉轿车电子仪表常见故障症状及可疑部位

故障症状	可疑部位
整个组合仪表不工作	电源电路
车速表故障	车速表电路
转速表故障	转速表电路
燃油表故障	燃油表电路
发动机冷却液温度表故障	发动机冷却液温度表电路

1）检测熔断器是否正常，否则更换熔断器。ECU-B 熔断器在发动机舱熔断器继电器盒中，METER 熔断器在仪表板熔断器继电器盒中。

2）断开仪表线束插接器，测试线束插接器端子30、32、33，如图2-22所示，检测标准见表2-7。

表2-7 丰田卡罗拉轿车仪表线束插接器测试标准及结果

检测端子连接	条件	规定状态	实测结果
E46-30（ET）-车身搭铁	始终	小于1Ω	
E46-32（B）-车身搭铁	始终	11~14V	
E46-33（IG+）-车身搭铁	点火开关置于ON（IG）位置	11~14V	

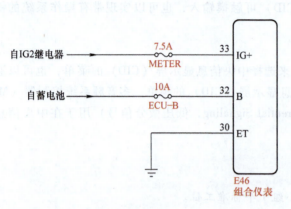

图 2-21　丰田卡罗拉轿车电子仪表电源电路

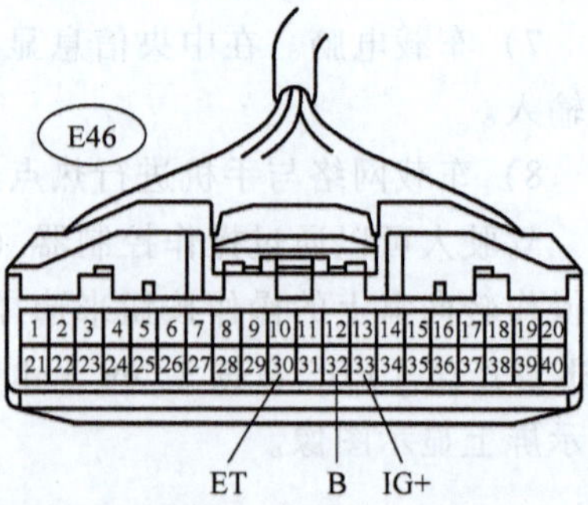

图 2-22　丰田卡罗拉轿车仪表线束插接器端子

若检测结果正常，则更换仪表总成；若检测结果与标准不符，则检测线束。

任务二　车速表故障检测与维修

任务导入

当汽车运行时，车速表不显示或显示的车速与实际车速不符，这种现象说明车速表有故障。

【任务实施环境】

1）理实一体化教室授课，每个学习小组1个标准工位。

2）每个工位配轿车（丰田卡罗拉）1辆、解码器1台、万用表1块及各种导线、电工常用的各种钳子、螺钉旋具等。

3）每组配有丰田卡罗拉轿车维修手册1套，配有丰田卡罗拉轿车仪表总成1个。

【任务实施步骤】

1. 确认故障现象。

通过路试进行故障现象确认。

2. 丰田卡罗拉轿车车速表的工作原理

丰田卡罗拉轿车车速表的工作原理如图2-23所示，4个轮速传感器将车轮转速信号传给防滑控制ECU，防滑控制ECU根据4个车轮转速信号计算出车辆行驶速度，然后通过CAN总线将车速信号传送给组合仪表ECU，仪表CPU输出相应的脉冲信号，控制步进电动机驱动指针指示相应的速度。

项目二 电子仪表与综合信息显示系统检测与维修

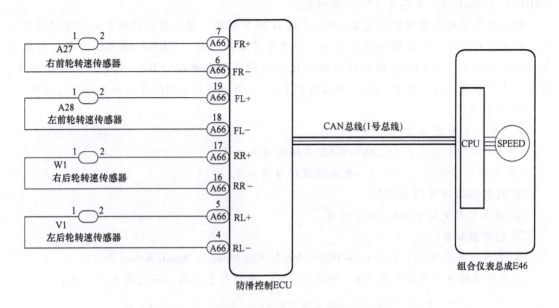

图 2-23 丰田卡罗拉轿车车速表的工作原理

（1）磁阻元件（MRE） 磁阻元件（MRE）的特性如图 2-24 所示，当磁阻元件（MRE）的电流方向与磁力线方向平行时，其电阻值最大；电流方向与磁力线方向垂直时，其电阻值最小。

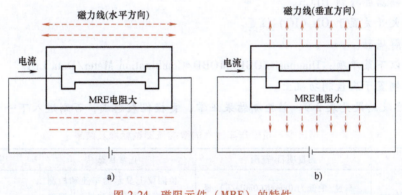

图 2-24 磁阻元件（MRE）的特性

（2）轮速传感器 轮速传感器是用来检测车轮转速的，并将车轮转速信号传给防滑控制 ECU。丰田卡罗拉轿车轮速传感器的结构如图 2-25 所示，主要由转子、磁环、磁阻元件

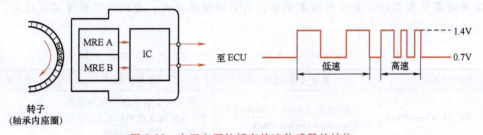

图 2-25 丰田卡罗拉轿车轮速传感器的结构

33

(MRE A 与 MRE B）及芯片（IC）等组成。

转速传感器转子在圆环上交替排列 48 组 N 和 S 磁极，圆环与轮毂轴承内座圈安装在一起。当车轮旋转时，多级磁环同时旋转。由于穿过磁阻元件（MRE）磁力线方向不断地变化，因此磁阻元件（MRE）的阻值不断变化，这样在集成电路（IC）中便产生脉冲信号，这个脉冲信号传给防滑控制 ECU，防滑控制 ECU 根据脉冲信号的频率可确定车轮的转速。

3. 故障检测

故障诊断的步骤如下：

1）检测 CAN 总线系统，确认 CAN 总线通信无故障。

2）用解码器进行主动测试。主动测试的步骤如下：

① 将解码器连接到 DLC3。
② 将点火开关置于 ON（IG）位置。
③ 打开解码器。
④ 进入以下菜单项：Diagnosis/OBD/MOBD/Combination Meter/Active Test。

主动测试标准及结果见表 2-8。若指针异常，更换仪表总成，否则进入下一步。

表 2-8　丰田卡罗拉轿车电子仪表车速表主动测试标准及结果

检测仪显示	测试部位	控制范围	实测结果
Speed Meter Operation	速度表	0km/h、40km/h、80km/h、120km/h、160km/h、200km/h	

3）读仪表数据流，步骤如下：

① 将解码器连接到 DLC3。
② 将点火开关置于 ON（IG）位置。
③ 打开解码器。
④ 进入以下菜单项：Diagnosis/OBD/MOBD/Combination Meter/Data List。
⑤ 将车辆置于底盘测功机上。

检测标准及结果见表 2-9。若检测结果正常，更换仪表总成，否则进入下一步。

表 2-9　丰田卡罗拉轿车车速表的数据流测试标准及结果（一）

检测仪显示	测量项目/范围	正常状态	实测结果
Vehicle Speed Meter	车速/最低为 0km/h（0mile/h），最高为 255km/h（158mile/h）	检测仪上显示的车速和检测台（校准的底盘测功机）上速度表测量的实际车速相等	

⑥ 进入以下菜单项：Diagnosis/Chassis/ABS/VSC/TRC/Data List，再次读取数据流。检测标准及结果见表 2-10。若检测结果正常，则更换仪表总成；否则说明故障不在仪表，需要更换防滑 ECU。

表 2-10　丰田卡罗拉轿车车速表的数据流测试标准及结果（二）

检测仪显示	测量项目/范围	正常状态	实测结果
FR/FL/RR/RL Wheel Speed	车速/最低为 0km/h（0mile/h），最高为 326km/h（202mile/h）	检测仪上显示的车速和检测台（校准的底盘测功机）上速度表测量的实际车速相等	

项目二 电子仪表与综合信息显示系统检测与维修

任务三 发动机转速表故障检测与维修

任务导入

当汽车发动机运行时,发动机转速表不显示或显示的转速与实际转速不符,这种现象说明转速表有故障。

【任务实施环境】

1) 理实一体化教室授课,每个学习小组1个标准工位。
2) 每个工位配轿车(丰田卡罗拉)1辆、解码器1台、万用表1块及各种导线、电工常用的各种钳子、螺钉旋具等。
3) 每组配有丰田卡罗拉轿车维修手册1套,配有丰田卡罗拉轿车仪表总成1个。

【任务实施步骤】

1. 确认故障现象

通过起动发动机进行故障现象确认。

2. 丰田卡罗拉汽车发动机转速表的工作原理

(1) 曲轴位置转速传感器 曲轴位置传感器系统包括一个曲轴位置信号盘(34个齿的转子)和一个信号发生器。曲轴位置信号盘安装在曲轴上,信号发生器由缠绕的感应线圈、铁心和永久磁铁组成。信号盘旋转时,每个齿经过耦合线圈便产生一个脉冲信号。发动机每转1圈,耦合线圈产生34个信号,信号的频率、幅值与曲轴转速有关。曲轴位置传感器的结构及输出信号波形如图2-26所示。

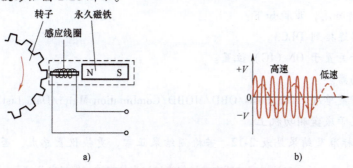

图 2-26 曲轴位置传感器的结构及输出信号波形

a) 结构 b) 信号波形

(2) 卡罗拉轿车发动机转速表工作原理 卡罗拉轿车发动机转速表工作原理如图2-27所示。发动机控制单元(ECM)接收曲轴位置传感器信号并计算出发动机转速,然后通过CAN总线将发动机转速信号传给组合仪表ECU,组合仪表CPU输出相应的脉冲信号,控制步进电动机驱动指针指示相应的发动机转速。

3. 故障检测

故障诊断的步骤如下:

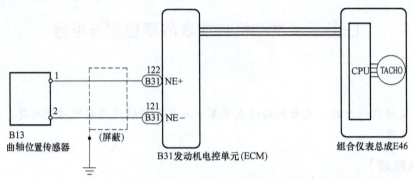

图 2-27 卡罗拉轿车发动机转速表工作原理

1) 检测 CAN 总线系统，确认 CAN 总线通信无故障。
2) 用解码器进行主动测试。主动测试的步骤如下：
① 将解码器连接到 DLC3。
② 将点火开关置于 ON（IG）位置。
③ 打开解码器。
④ 进入以下菜单项：Diagnosis/OBD/MOBD/Combination Meter/Active Test。

主动测试标准及结果见表 2-11。若指针异常，更换仪表总成，否则进入下一步。

表 2-11 丰田卡罗拉轿车转速表主动测试标准及结果

检测仪显示	测试部位	控制范围/(r/min)	实测结果
Tacho Meter Operation	转速表	0、1000、2000、3000、4000、5000、6000、7000	

3) 读仪表数据流，步骤如下：
① 将解码器连接到 DLC3。
② 将点火开关置于 ON（IG）位置。
③ 打开解码器。
④ 进入以下菜单项：Diagnosis/OBD/MOBD/Combination Meter/Data List。
⑤ 将车辆置于底盘测功机上。

数据流测试标准及结果见表 2-12。若检测结果正常，更换仪表总成，否则进入下一步。

表 2-12 丰田卡罗拉轿车电子仪表转速表数据流测试标准及结果

检测仪显示	测量项目/范围	正常状态	实测结果
Engine Rpm	发动机转速/最低为 0r/min，最高为 12750r/min	检测仪上显示的转速和检测台（校准的底盘测功机）上转速表测量的实际转速相等	

4) 读故障码，步骤如下：
① 将解码器连接到 DLC3。

② 将点火开关置于 ON（IG）位置。

③ 打开解码器。

④ 进入以下菜单项：Diagnosis/Powertrain/Engine and ECT/DTC Info/Clear Codes。

⑤ 使车辆以高于 5km/h 的速度行驶至少 60s。

如果没有故障码，更换仪表总成；否则说明仪表正常，应按故障码提示进行诊断。当显示故障码 P0335 或 P0339 时，说明发动机曲轴位置传感器有故障，需要拆下检测。曲轴位置传感器的安装位置如图 2-28 所示。用万用表检测曲轴位置传感器的电阻值，曲轴位置传感器的检测方法与检测标准如图 2-29 所示。若检测结果不符合规定，则更换曲轴位置传感器。

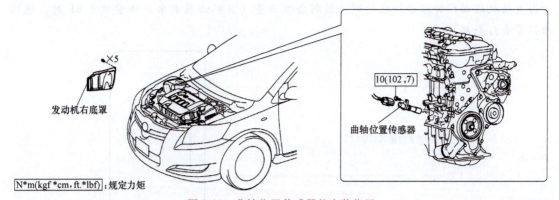

图 2-28　曲轴位置传感器的安装位置

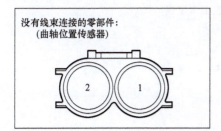

检测仪连接	条件	规定状态
1-2	冷态（-10～50℃）	1630～2740Ω
	热态（50～100℃）	2065～3225Ω

图 2-29　曲轴位置传感器的检测方法与检测标准

任务四　燃油表故障检测与维修

任务导入

当打开点火开关时，燃油表不显示或显示的数据与实际数据不符，说明燃油表有故障。

【任务实施环境】

1) 理实一体化教室授课，每个学习小组 1 个标准工位。

2) 每个工位配轿车（丰田卡罗拉）1 辆、解码器 1 台、万用表 1 块及各种导线、电工常用的各种钳子、螺钉旋具等。

3）每组配有丰田卡罗拉轿车维修手册1套，配有丰田卡罗拉轿车仪表总成1个。

【任务实施步骤】

1. 确认故障现象。
通过打开点火开关进行故障现象确认。

2. 丰田卡罗拉轿车燃油表工作原理
丰田卡罗拉轿车燃油表工作原理如图2-30所示。燃油箱内的燃油表传感器与组合仪表直线连接，当燃油箱内燃油液面高度发生变化时，燃油表传感器的电阻值发生变化，组合仪表ECU端子10、25便得到变化的电压信号。此时，仪表CPU输出相应的脉冲信号，控制步进电动机驱动指针指示相应的燃油箱剩余燃油量（当燃油箱剩余燃油量低于8L时，燃油油位警告灯亮起）。

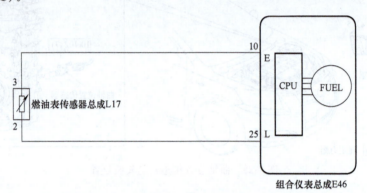

图2-30　丰田卡罗拉轿车燃油表工作原理

3. 故障检测

1）用解码器进行主动测试。主动测试的步骤如下：

① 将解码器连接到DLC3。

② 将点火开关置于ON（IG）位置。

③ 打开解码器。

④ 进入以下菜单项：Diagnosis/OBD/MOBD/Combination Meter/Active Test。

主动测试标准及结果见表2-13。若指针异常，更换仪表总成，否则进入下一步。

表2-13　丰田卡罗拉轿车燃油表主动测试标准及结果

检测仪显示	测试部位	控制范围	实测结果
Fuel Meter Operation	燃油表	EMPTY, 1/2, FULL	

2）读仪表数据流。步骤如下：

① 将解码器连接到DLC3。

② 将点火开关置于ON（IG）位置。

③ 打开解码器。

④ 进入以下菜单项：Diagnosis/OBD/MOBD/Combination Meter/Data List。

数据流测试标准及结果见表2-14。若检测结果异常，更换仪表，否则进行下一步检测。

项目二 电子仪表与综合信息显示系统检测与维修

表 2-14 丰田卡罗拉轿车燃油表数据流测试标准及结果

检测仪显示	测量项目/范围	正常状态	实测结果
Fuel Input	燃油输入信号最小为 0，最大为 127.5	燃油表指示(F):49.0(L) 燃油表指示(3/4):38.2(L) 燃油表指示(1/2):27.5(L) 燃油表指示(1/4):16.5(L) 燃油表指示(E):5.5(L)	

3) 检测线束与插接器，断开组合仪表总成 E46 线束插接器及燃油表传感器总成 L17 线束插接器，如图 2-31 所示。测试标准及结果见表 2-15。如果测试结果异常，更换线束，否则进行下一步。

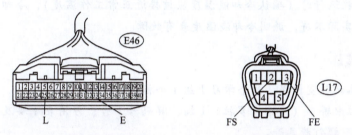

图 2-31 丰田卡罗拉轿车仪表总成与燃油表传感器总成线束示意图

表 2-15 丰田卡罗拉轿车仪表总成与燃油泵总成线束测试标准及结果

检测仪连接	条件	规定状态	实测结果
E46-10(E)-L17-3(FE)	始终	<1Ω	
E46-25(L)-L17-2(FS)	始终	<1Ω	
L17-2(FS)-车身搭铁	始终	≥10kΩ	
E46-25(L)-车身搭铁	始终	≥10kΩ	

4) 检测燃油表传感器总成，首先断开燃油表传感器总成线束插接器，如图 2-32 所示，测试标准及结果见表 2-16。如果测试结果正常，更换仪表总成，否则更换燃油表传感器总成。

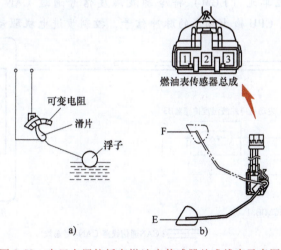

图 2-32 丰田卡罗拉轿车燃油表传感器总成线束示意图

表 2-16　丰田卡罗拉轿车燃油表传感器总成测试标准及结果

浮子室液位高度	测量端子 2 和 3 之间的电阻/Ω	实测结果
F	13.5~16.5	
在 E 和 F 之间	13.5~414.5(渐变)	
E	405.5~414.5	

任务五　冷却液温度表故障检测与维修

任务导入

当汽车发动机运行时（确认冷却液温度应该接近正常工作温度），冷却液温度表不显示或显示的数据与实际不符，说明冷却液温度表有故障。

【任务实施环境】

1) 理实一体化教室授课，每个学习小组 1 个标准工位。

2) 每个工位配轿车（丰田卡罗拉）1 辆、解码器 1 台、万用表 1 块及各种导线、电工常用的各种钳子、螺钉旋具等。

3) 每组配有丰田卡罗拉轿车维修手册 1 套，配有丰田卡罗拉轿车仪表总成 1 个。

【任务实施步骤】

1. 确认故障现象。

通过起动发动机进行故障现象确认。

2. 丰田卡罗拉轿车冷却液温度表工作原理

丰田卡罗拉轿车冷却液温度表工作原理如图 2-33 所示。冷却液温度传感器与发动机电控单元（ECM）直线连接。当发动机冷却液温度发生变化时，冷却液温度传感器的电阻值将发生变化，发动机电控单元（ECM）端子 96、97 便得到变化的电压信号，并以此计算冷却液温度。发动机电控单元（ECM）将冷却液温度信号通过 CAN 总线传送给组合仪表 ECU，此时，组合仪表 CPU 输出相应的脉冲信号，控制步进电机驱动指针指示相应的冷却

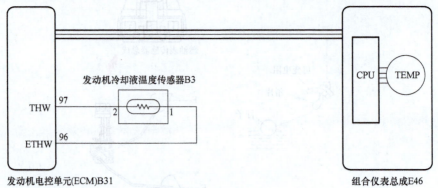

图 2-33　丰田卡罗拉轿车发动机冷却液温度表工作原理

液温度。

3. 故障检测

具体检测步骤如下：

1) 确认 CAN 通信系统正常。

2) 用解码器读故障码，有故障码时，按故障码提示进行检测。

3) 用解码器进行主动测试。主动测试的步骤如下：

① 将解码器连接到 DLC3。

② 将点火开关置于 ON（IG）位置。

③ 打开解码器。

④ 进入以下菜单项：Diagnosis/OBD/MOBD/Combination Meter/Active Test。

主动测试标准及结果见表 2-17。若指针正常，更换仪表总成，否则进入下一步测试。

表 2-17 丰田卡罗拉轿车冷却液温度表主动测试标准及结果

检测仪显示	测试部位	控制范围	实测结果
Water Temperature Meter Operation	发动机冷却液温度表	Low，Normal，High	

4) 读仪表数据流，步骤如下：

① 将解码器连接到 DLC3。

② 将点火开关置于 ON（IG）位置。

③ 打开解码器。

④ 进入以下菜单项：Diagnosis/OBD/MOBD/Combination Meter/Data List

数据流测试标准及结果见表 2-18。若检测结果正常，更换仪表，否则进行下一步检测。

表 2-18 丰田卡罗拉轿车冷却液温度表数据流测试标准及结果

检测仪显示	测试项目/范围	正常状态	诊断备注	实测结果
Coolant Temperature	发动机冷却液温度为 0～127.5℃（32～261.5℉）	暖机后为 80～95℃（176～203℉）	如果为 -40℃（-40℉），传感器电路断路 如果为 140℃（284℉）或更高，传感器电路短路	

5) 再次读取故障码：

① 将解码器连接到 DLC3。

② 将点火开关置于 ON（IG）位置。

③ 打开解码器。

④ 进入以下菜单项：Diagnosis/Powertrain/Engine and ECT/DTC Info/Clear Codes。

⑤ 使车辆以高于 5km/h 的速度行驶至少 60s。

⑥ 使车辆停止。

⑦ 读取故障码。

如果没有故障码，更换仪表总成，否则说明仪表正常，应按故障码提示进行诊断。若故障码为 P0115、P0116、P0117、P0118，则说明发动机冷却液温度传感器有故障，需要对发动机冷却液温度传感器进行检测。冷却液温度传感器的位置如图 2-34 所示，检测方法与检测标准如图 2-35 所示。若检测结果不符合规定，则更换冷却液温度传感器。

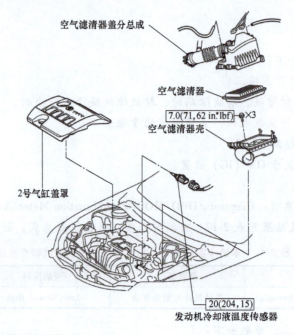

图 2-34　发动机冷却液温度传感器的位置

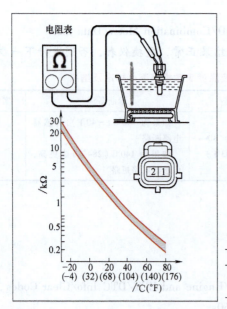

检测标准		
检测仪连接	条件	规定状态
1—2	20℃(68°F)	2.32～2.59kΩ
	80℃(176°F)	0.310～0.326kΩ

图 2-35　冷却液温度传感器检测方法与检测标准

知识拓展

汽车平视系统认识

为了使驾驶更轻松，有些汽车上采用了平视显示系统，这样，驾驶人无须经常将视线从道路转到仪表上。宝马 E60 汽车平视显示系统示意图如图 2-36 所示。通过平视显示系统可

项目二 电子仪表与综合信息显示系统检测与维修

在风窗玻璃上方符合人机工程学原理的位置显示重要的驾驶信息，这些信息可在前机盖上方以虚像的形式显示。平视显示系统可显示的信息有以下内容：导航提示、行驶速度、检查控制信息、自适应巡航控制系统及定速控制。

一、平视显示系统的主要组成及原理

平视显示系统可以看作是一个投影机，图像通过投影显示屏形成并由投影光源提供背景照明。平视显示系统安装在转向柱上面的仪表板中，其主要结构如图 2-37 所示，图中元件说明见表 2-19。平视显示系统原理如图 2-38 所示，图中元件说明见表 2-20。

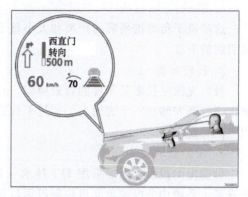

图 2-36　宝马 E60 汽车平视显示系统示意图

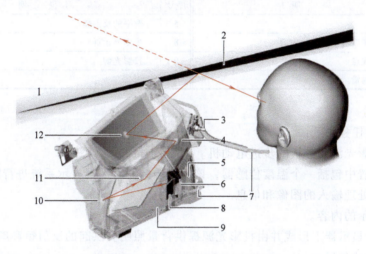

图 2-37　平视显示系统的主要结构

表 2-19　平视显示系统结构图中元件说明

序号	说　　明
1	风窗玻璃
2	风窗玻璃内、外层玻璃之间的楔形塑料膜
3	眼睛位置确定区域内的高度调节螺钉
4	镜面磨平的反射镜
5	投影光源
6	投影显示屏
7	柔性轴
8	投影显示屏的盖板
9	壳体
10~12	拱起的反射镜

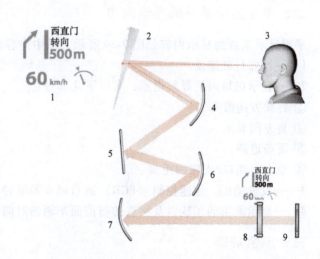

图 2-38　平视显示系统原理图

1. 镜子

这些镜子负责按所需的距离和大小显示投影显示屏的内容，并最大限度地补偿由风窗玻璃引起的失真。

2. 投影光源

投影光源是投影显示屏的背景照明。投影光源由一定数量的彩色发光二极管组成，它们被排成行列安装在一个表面上。通过平视显示系统中的电子装置控制投影光源，并调节显示内容的亮度。

3. 投影显示屏

带盖板的投影显示屏采用 TFT 技术（薄膜晶体管），其主要作用是合成显示内容。通过平视显示系统中的电控单元可控制投影显示屏。盖板可借助步进电动机移出或移入光路，步进电动机由平视显示系统内的电子装置控制，不工作时，盖板关闭，保护投影显示屏。

表 2-20 平视显示系统原理图元件说明

序号	说 明	序号	说 明
1	虚像	5	磨平的反射镜
2	投射到风窗玻璃上的显示内容	8	投影显示屏
3	观察者的视点	9	投影光源
4、6、7	拱起的反射镜		

4. 电子装置

电子装置的任务如下：

1) 控制投影光源和盖板的步进电动机。
2) 电子装置中包括一个温度传感器，该温度传感器对平视显示系统进行防过热保护。
3) 分析与处理输入的图像和信息。
4) 生成显示的内容。

图像在投影显示器上形成并由投影光源提供背景照明。拱起的反射镜和磨平的反射镜确定投射图像的形状与尺寸。

二、平面显示系统的显示内容

平面显示系统的显示内容如图 2-39 所示，图中内容说明如下：

1——当前行驶速度。

2——显示区域内的导航提示，有以下几部分：

① 行驶方向箭头。
② 直方图显示。
③ 下条道路。
④ 至十字路口/支路的距离。

3——设置速度。定速控制（FGR）或自适应巡航控制（ACC）系统时设置。

4——显示测得的车辆以及所选的与前面车辆的时间距离（仅 ACC）。

三、风窗玻璃

风窗玻璃的外层和内层通过一层楔形塑料膜相互连接，楔形塑料膜用来防止投射的图像重影。

四、平视显示系统的操作开关

宝马 E60 汽车平视显示系统的操作开关位于停车车灯开关旁边，如图 2-40 所示，其具体功能见表 2-21。

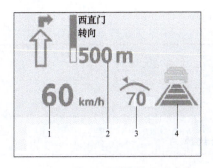

图 2-39　平面显示系统的显示内容

图 2-40　宝马 E60 汽车平视显示系统操作开关的位置

表 2-21　宝马 E60 汽车平视显示系统操作开关的具体功能

按动按钮方式	功　能
短按，少于 10s	平视显示系统接通或平视显示系统关闭
长按，超过 10s	调用测试功能。这种模式是为维护设计的（如系统测试）

项目小结

汽车电子显示装置常见的有发光二极管、液晶显示器、真空荧光显示器及阴极射线管显示器等几种类型。

为了适应汽车安全、节能、舒适和低污染等性能的要求，汽车电子控制系统被广泛应用在汽车的各个系统上。采用电子控制技术后，汽车运行时需要向驾驶人提供的信息就要复杂得多，每个系统工作状态都要及时、准确地以数字、文字或图形通过电子仪表显示出来。因此，传统的机械仪表已无法满足汽车的要求了。电子仪表一般都是组合仪表，具有仪表显示、信息存储（可读取）、故障报警及故障自诊功能。

综合信息显示系统广泛应用在高档轿车上，一般可以显示行车电子地图、车辆维修信息、空调工作信息、音响工作信息、电话信息和日历信息等。

复习思考题

2-1　举例说明汽车电子仪表有哪些功能。
2-2　举例说明综合信息显示系统有哪些功能。

项目三　电控舒适娱乐系统检测与维修

项目导读

> **知识目标：**
> 　　掌握电控舒适娱乐系统的基本组成与工作原理。
> **技能目标：**
> 　　1）能正确识读电控舒适娱乐系统电路图。
> 　　2）能正确诊断电控舒适娱乐系统故障原因并排除故障。

任务一　中控门锁系统检测与维修

任务导入

中控门锁系统具有全车门锁联动功能，当驾驶人用车钥匙打开驾驶人侧车门门锁时，其他车门门锁（包括行李舱门锁）可以同时打开，反之，全车车门门锁同时锁止。

中控门锁系统同时具有遥控功能，驾驶人可以在远处用车门控制发射器（车钥匙遥控器）遥控车门锁，实现全车车门锁的锁止或解锁任务。

相关知识

一、中控门锁系统的组成

1. 中控门锁控制开关

中控门锁控制开关安装在左前门内侧扶手上，如图3-1所示，是用来在车内控制全车车门的开启与锁止的。门锁控制开关多与电动车窗开关组合在一起。

2. 钥匙控制开关

钥匙控制开关安装在左前门和右前门的外侧门锁上，如图3-2所示。当从车外面用车门钥匙开车门或锁车门时，便使全车车门同时锁止或打开。车门钥匙的功能是实现在车门外面锁车或打开车的门锁，同时，车门钥匙也是点火开关、燃油箱和行李舱等全车设置锁的地方共用的钥匙。

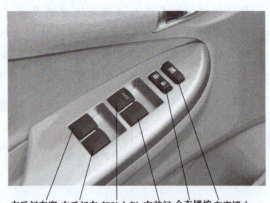

左后门车窗　右后门车　驾驶人侧　左前门　全车锁控　车窗锁止
开关　　　　窗开关　　车窗开关　车窗开关　制开关　　开关

图3-1　驾驶人侧中控门锁及车窗主控开关

项目三 电控舒适娱乐系统检测与维修

3. 门锁总成

中控门锁系统所采用的门锁总成都是电动门锁。常用的电动门锁有电动机式、电磁式、真空式和电子式等几种类型。图 3-3 所示为电动机式门锁总成，图 3-4 所示为电磁式门锁总成。

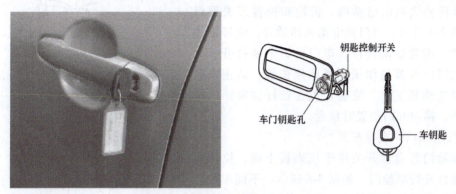

图 3-2 中控门锁钥匙控制开关位置

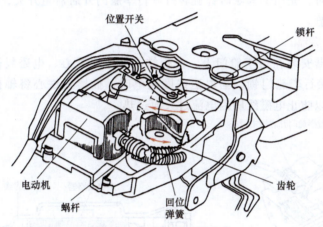

图 3-3 电动机式门锁总成

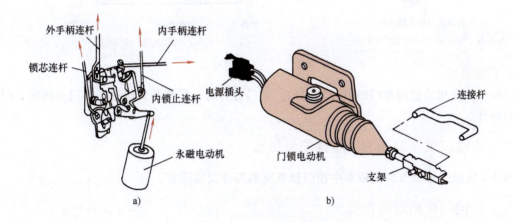

图 3-4 电磁式门锁总成
a) 门锁总成 b) 永磁电动机

门锁总成主要是由门锁传动机构、门锁开关和门锁壳体等组成，如图3-5所示。门锁开关用来检测车门的开闭情况。当车门关闭后，门锁开关断开；当车门开启时，门锁开关接通。

门锁传动机构由电动机、齿轮和位置开关等组成，如图3-3所示。当门锁电动机转动时，蜗杆带动齿轮转动，齿轮推动锁杆，车门被锁上或打开，然后齿轮在回位弹簧的作用下返回原位置，防止操纵门锁钮时电动机工作。位置开关在锁杆推向锁门位置时断开，推向开门位置时接通。

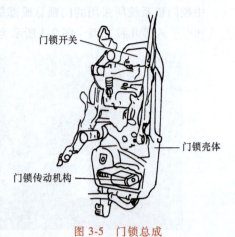

图3-5 门锁总成

4. 行李舱门开启器开关

行李舱门开启器开关位于仪表板下面，拉动此开关便能打开行李舱门，如图3-6所示。不同车的行李舱门开启器开关有所不同，图3-6中所示的行李舱门开启器开关操作时，先用钥匙顺时针旋转打开行李舱门开启器主开关，再使用行李舱门开启器开关打开行李舱。

5. 行李舱门开启器

行李舱门开启器安装在行李舱门上，由轭铁、插棒式铁心、电磁线圈和支架组成，如图3-7所示。轴连接行李舱门锁，当电磁线圈通电时，插棒式铁心将轴拉入并打开行李舱门。电路断路器用以防止电磁线圈因电流过大而过热。

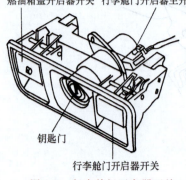

图3-6 行李舱门开启器开关

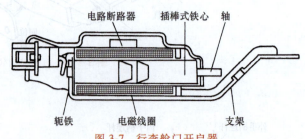

图3-7 行李舱门开启器

6. 门控开关

门控开关是用来检测车门的开闭情况的。车门打开时，门控开关接通；车门关闭时，门控开关断开。

二、中控门锁控制系统的零件安装位置

图3-8所示为丰田卡罗拉轿车中控门锁系统的部件安装位置。

三、中控门锁系统的功能

1. 内外开启与内外锁止功能

在车内开启和锁止车门时，由门锁控制开关开启和锁止门锁；在车外开启和锁止车门

项目三　电控舒适娱乐系统检测与维修

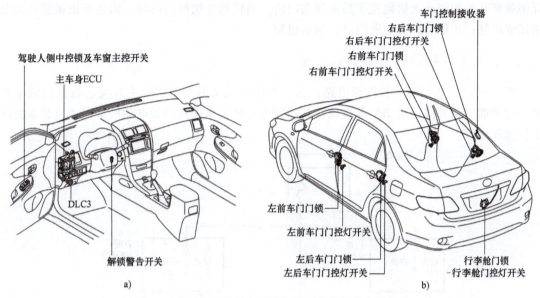

图 3-8　丰田卡罗拉轿车中控门锁系统的部件安装位置

时,由钥匙转动控制开关开启门锁。

2. 后车门儿童安全锁止功能

如图 3-9 所示,中控门锁系统设有后车门儿童安全锁止装置,该装置具有防止车内儿童擅自打开车门的功能。只有当中控门锁系统在"开锁"状态时,儿童安全锁闩才能退出。有的车锁是当儿童安全锁闩拨到锁止位置时,在车内用内扣手不能开门,而在车外用外扣手可以开门。

3. 中控控制锁止功能

当驾驶人锁止驾驶人侧车门时,其他几个车门(包括行李舱门)能同时锁止。

4. 驾驶人侧车门防误锁功能

当驾驶人侧的内部锁止开关在锁止位置时,关上车门后,该车门不能锁止,以防止车钥匙忘在车内而车门被锁止。

有些车型为了防止车钥匙锁在车内,设置了钥匙开锁报警开关,如图 3-10 所示,钥匙

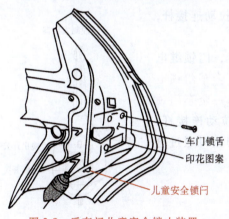

图 3-9　后车门儿童安全锁止装置

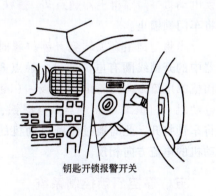

图 3-10　钥匙开锁报警开关

49

开锁报警开关探测点火钥匙是否插进钥匙门内,当钥匙在钥匙门内时,钥匙开锁报警开关电路接通报警;当钥匙离开钥匙门时,取消报警。

四、汽车中控门锁控制基本原理

图3-11所示为汽车中控门锁电路,其中控门锁系统由左前门锁主开关、右前门锁主开关、门锁继电器和门锁电动机等组成,其门锁电动机为永磁式门锁电动机。门锁控制系统的工作过程如下:

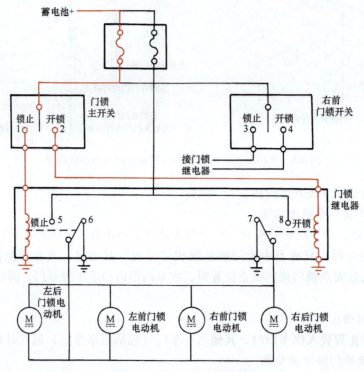

图3-11 汽车中控门锁电路

当将门锁主开关转到锁止位置时,触点1闭合,门锁继电器中的锁止线圈有电流通过,触点5闭合。这时,全车门锁电动机的电流方向为蓄电池正极→门锁继电器触点5→全车门锁电动机→门锁继电器触点7→搭铁,电动机旋转拉动连接杆,将车门锁锁止。

当将门锁主开关转到开锁位置时,触点2闭合,门锁继电器中的开锁线圈有电流通过,触点8闭合。这时,全车门锁电动机的电流方向为蓄电池正极→门锁继电器触点8→全车门锁电动机→门锁继电器触点6→搭铁,电动机旋转拉动连接杆,将车锁打开,此时通过门锁电动机的电流方向与锁止时通过电动机的电流方向相反。

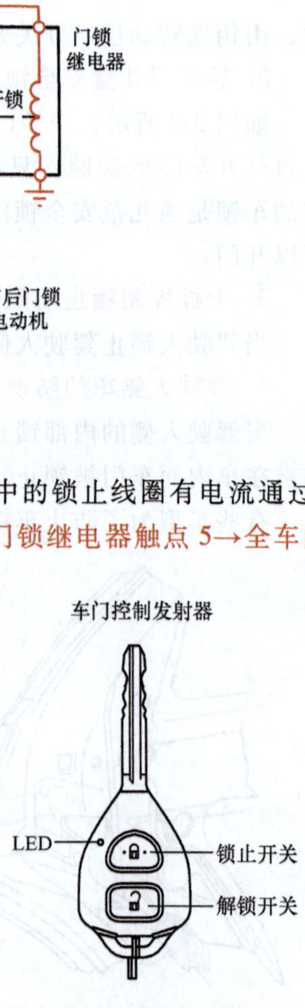

五、遥控门锁控制系统

遥控门锁控制系统的作用是从远处锁止和解锁所有车门。

图3-12 车门控制发射器

该系统由手持式发射器控制（车门控制发射器或遥控器如图3-12所示），手持式发射器向车门控制接收器发送无线电波。主车身ECU执行识别码识别处理并接合门锁控制。

1. 遥控门锁控制系统的组成及主要部件的功能

丰田卡罗拉轿车遥控门锁控制系统的组成如图3-13所示，主要部件的功能见表3-1。

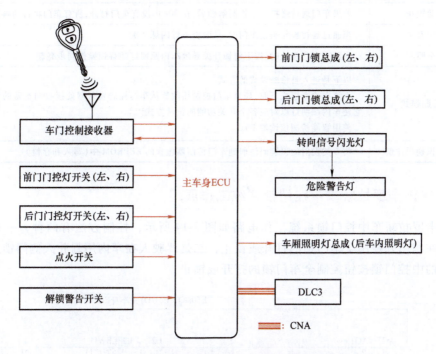

图3-13　丰田卡罗拉轿车遥控门锁控制系统的组成

表3-1　遥控门锁控制系统主要部件的功能

零部件	功　　能
车门控制发射器	向车门控制接收器发送弱无线电波（识别码和功能代码） 在发送过程中使指示灯（LED）亮
车门控制接收器	接收弱无线电波（识别码和功能代码），并将其作为代码数据输出到主车身ECU
前门门控灯开关 后门门控灯开关 行李舱门控灯开关	当车门打开时接通，当车门关闭时断开，将车门状态代码（打开或关闭）输出至主车身ECU
解锁警告开关	检测钥匙是否插入点火锁芯中
门锁位置开关	将各车门的门锁位置发送至主车身ECU
主车身ECU	响应来自车门控制接收器的代码数据和来自各个开关的信号，发送遥控门锁控制信号

2. 遥控门锁控制系统的功能

车门控制发射器带有锁止开关和解锁开关。操作这些开关可以激活各项功能。遥控门锁控制系统的功能见表3-2。

表 3-2　遥控门锁控制系统的功能

功能	操　作
所有车门锁止	按下锁止开关锁止所有车门
所有车门解锁	按下解锁开关解锁所有车门
自动锁止	如果车门通过遥控门锁控制解锁后,在 30s 内没有车门打开,所有车门将自动再次锁上
应答	当通过遥控操作锁止车门时,危险警告灯闪烁 2 次
上车照明	当所有车门锁止时,按下解锁开关导致车内照明灯随解锁操作同步亮起
自诊断模式	以下是进入自诊断模式的方式 系统在诊断模式下时,如果车门控制接收器从车门控制发射器处接收到正常的无线电波,它使车内照明灯以对应各个开关功能的正常方式闪烁 使用智能检测仪读取 DTC
发射器识别码注册	将 6 类发射的识别码注册到车门控制器包含的 EEPROM 中(写入和存储)

六、丰田卡罗拉轿车中控门锁系统工作原理

丰田卡罗拉轿车中控门锁系统工作电路如图 3-14 所示,控制方法有两种,一是驾驶人用车钥匙在车门外控制全车门锁的打开或锁止,二是驾驶人在车内用驾驶人侧门锁及车窗主控开关上的中控门锁按钮控制全车门锁的打开或锁止。

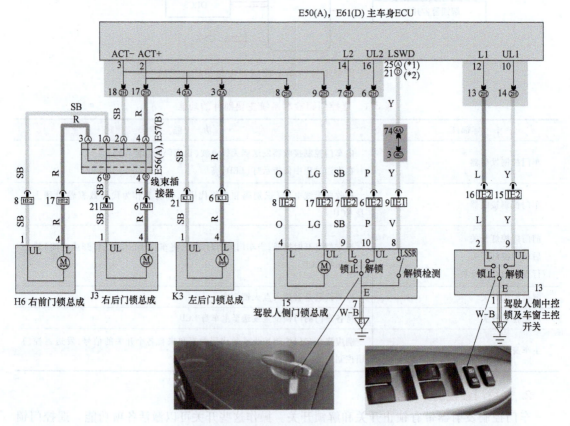

图 3-14　丰田卡罗拉轿车中控门锁系统工作电路

项目三 电控舒适娱乐系统检测与维修

(1) 用车钥匙控制 锁车时,驾驶人在车外将钥匙插入钥匙孔左转,左前门锁总成的端子9搭铁,此时车身ECU端子14得到搭铁信号(锁车请求信号),然后车身ECU通过端子2(正极)与端子3(负极)输出驱动电压,4个车门电动机同时驱动门锁锁上车门。

左前门锁总成内设有电动机位置开关(端子7与8),用于检测门锁电动机是否将门锁正确锁止,当电动机驱动门锁转动到锁止位置时,电动机轴同时将位置开关关闭,反馈端子8搭铁,然后车身ECU端子25也得到搭铁信号(确认锁车信号),此时车身ECU便将车辆锁止信号通过CAN总线传送给防盗ECU,等待车辆进入防盗报警状态。

同理,在车外用钥匙解锁时,ECU端子16得到搭铁信号(解锁请求信号),然后车身ECU通过端子2(负极)与端子3(正极)输出驱动电压,4个车门电动机同时驱动门锁解锁车门。

(2) 车内中控门锁按钮控制 驾驶人在车内按下锁车按钮时,车身ECU端子12得到搭铁信号(锁车请求信号),然后车身ECU通过端子2(正极)与端子3(负极)输出驱动电压,4个车门电动机同时驱动门锁锁上车门。

同理,驾驶人在车内按下解锁按钮时,ECU端子10得到搭铁信号(解锁请求信号),然后车身ECU通过端子2(负极)与端子3(正极)输出驱动电压,4个车门电动机同时驱动门锁解锁车门。

七、德系大众汽车中控门锁系统工作原理

图3-15所示为德系大众汽车中控门锁操作开关E308,中控门锁的工作电路如图3-16所示。

(1) 中控门锁的控制方式

1)用遥控器钥匙操纵中控门锁系统。

2)用车钥匙通过驾驶人侧车门钥匙锁孔机械锁止和解锁汽车。

3)用位于驾驶人车门内侧的中央门锁按钮开关操纵中控门锁系统。

4)在车辆发生碰撞使气囊引爆时所有车门自动解锁。

5)自动锁止,当车速超过15km/h时所有车门自动锁止。

6)解锁后,如果60s内没有打开车门、行李舱盖或发动机盖,那么车辆会自动重新上锁。

图3-15 德系大众汽车中控门锁操作开关E308

(2) 安全锁止功能(SAFE电动机) 4个门锁总成F220、F221、F222、F223中均有两个门锁电动机,增加了一个SAFE电动机,用以实现安全锁止功能。所谓安全锁止功能就是在车外将车上锁后,车内人员无法打开车门,目的是增大破窗入车偷盗的难度。德系大众汽车左前门锁总成F220的结构如图3-17所示。

若想临时取消安全锁止功能,可在用遥控器锁车时连按两次锁止键(2s内)。

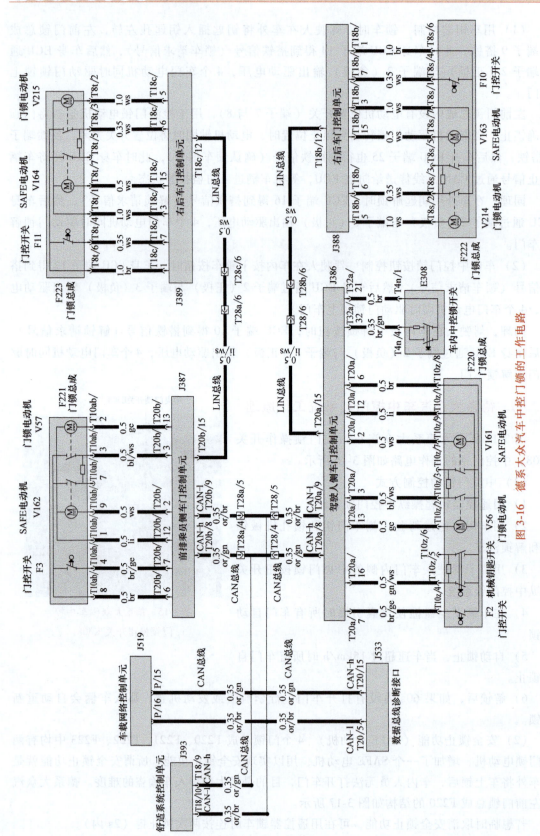

图 3-16 德系大众汽车中控门锁的工作电路

项目三　电控舒适娱乐系统检测与维修

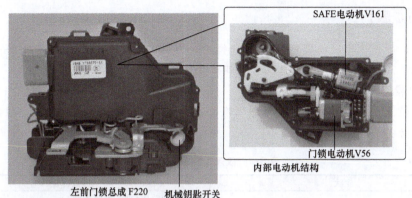

图 3-17　德系大众汽车左前门锁总成 F220 的结构

（3）工作过程　用遥控器遥控锁车时，由舒适系统控制单元 J393 接收并确认请求信息，通过 CAN 总线和 LIN 总线将动作命令传送到 J386、J387、J388、J389 等车门控制单元，由车门控制单元驱动各门锁电动机及 SAFE 电动机完成锁车。当电动机转动到锁止位置时电动机的位置开关闭合，将电动机锁止信息反馈到车门控制单元，车门控制单元将本车门锁止信号通过 CAN 总线或 LIN 总线传送给防盗 ECU，等待车辆进入防盗报警状态。此时 J393 控制行李舱门锁电动机完成行李舱的锁止。德系大众汽车行李舱门锁控制电路如图 3-18 所示。遥控器解锁原理与锁车相同，不再论述。

用中控门锁操作开关 E308 或在车外用机械钥匙控制全车门锁时，锁车或解锁两个档位传送给驾驶人侧车门控制单元 J386 的信号电压不同，J386 根据信号电压确定请求的具体任务并将动作命令通过 CAN 总线或 LIN 总线传送到 J387、J388、J389 等车门控制单元，实现全车门锁的控制。此时 J393 控制行李舱门锁电动机完成行李舱的锁止或解锁。

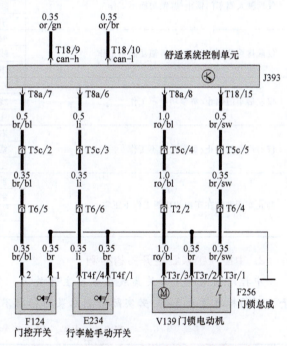

图 3-18　德系大众汽车行李舱门锁控制电路

【任务实施环境】

1）理实一体化教室授课，每个学习小组 1 个标准工位。

2）每个工位配轿车（丰田卡罗拉）1 辆、万用表 1 块及各种导线、电工常用的各种钳子、螺钉旋具等。

3）每组配有丰田卡罗拉轿车维修手册 1 套，配有车窗主开关 1 个、驾驶人侧前门锁总成 1 个。

【任务实施步骤】

当中央门锁系统出现故障时,首先要确认故障现象。然后,在开始检测前先做基础检测,然后根据表3-3中的故障现象及可疑部位分别进行检测。

1. 基础检测

在进行故障检测前,首先检查熔断器及蓄电池电压,蓄电池电压应为12～14V。故障症状及可疑部位见表3-3。

表3-3 故障症状及可疑部位

症状	可疑部位
通过主开关、驾驶人侧车门锁芯不能完成所有车门的锁止/解锁	前门锁总成(前部驾驶人侧)
	线束和插接器
	主开关总成
	主车身ECU(仪表板接线盒)
仅驾驶人侧车门锁止/解锁功能不工作	前门锁总成(驾驶人侧)
	线束和插接器
	主车身ECU(仪表板接线盒)
仅前排乘员侧车门锁止/解锁功能不工作	前门锁总成(前排乘员侧)
	线束和插接器
	主车身ECU(仪表板接线盒)
仅左后车门锁止/解锁功能不工作	左后车门锁总成
	线束和插接器
	主车身ECU(仪表板接线盒)
仅右后车门锁止/解锁功能不工作	右后门锁总成
	线束和插接器
	主车身ECU(仪表板接线盒)
防止车钥匙锁在车内的功能工作不正常	前门控灯开关(驾驶人侧)
	解锁警告开关
	线束和插接器
	主车身ECU(仪表板接线盒)

2. 中控门锁系统主开关的检测

中控门锁系统主开关集成在车窗主开关上,其端子如图3-19所示。中控门锁主开关端子检测的标准见表3-4。若实际检测结果与标准不符,则更换车窗主开关。

表3-4 中控门锁主开关端子检测的标准

检测仪连接	条件	规定状态	实测结果
1-2	锁止	小于1Ω	
1-2/1-9	OFF(松开)	10kΩ 或更大	
1-9	解锁	小于1Ω	

3. 前门门锁总成的检测(驾驶人侧)

前门门锁总成的端子如图3-20所示,端子检测的标准见表3-5。若实际检测结果与标准不符,则更换前门门锁总成关。

4. 后门门锁的检测

后门门锁与车身ECU的连接电路如图3-21所示,后门门锁端子如图3-22所示,检测标准见表3-6。若实际检测结果与标准不符,则更换后门门锁。

项目三 电控舒适娱乐系统检测与维修

图 3-19　丰田卡罗拉轿车车窗主开关端子

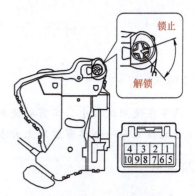

图 3-20　前门门锁总成的端子（驾驶人侧）

表 3-5　前门门锁总成端子检测（驾驶人侧）的标准

检测仪连接	条件	规定状态	实测结果
7-9	ON（门锁设置为锁止）	小于1Ω	
7-9 7-10	OFF（松开）	1kΩ 或更大	
7-10	ON（门锁设置为解锁）	小于1Ω	
7-8	蓄电池正极（+）→端子 4 蓄电池负极（−）→端子 1	锁止 10kΩ 或更大	
7-8	蓄电池正极（+）→端子 1 蓄电池负极（−）→端子 4	锁止 小于1Ω	

没有线束连接的零部件：[后门锁(左后门)]

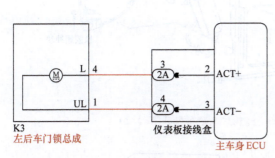

图 3-21　后门门锁与车身 ECU 的连接电路

没有线束连接的零部件：[后门锁（左后门）]

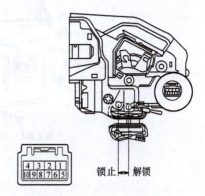

图 3-22　后门门锁端子

表 3-6　后门门锁端子的检测标准

测量条件	门锁状态	实测结果
蓄电池正极（+）→端子 4 蓄电池负极（−）→端子 1	锁止	
蓄电池正极（+）→端子 1 蓄电池负极（−）→端子 4	解锁	

任务二 电动车窗系统检测与维修

任务导入

汽车在使用过程中,车窗的使用频率很高,采用电动车窗后,驾驶人通过车窗主开关可以方便地控制每一个车窗玻璃上升或下降,极大地提高了驾驶人的驾车舒适性。

相关知识

一、电动车窗升降系统的组成及原理

电动车窗升降系统的电动机广泛采用的是永磁式电动机,也有一些车型采用双磁场式电动机。

电动车窗升降系统一般由主控开关(主开关)、分控开关(门窗开关)及各个车窗的升降器等组成。玻璃的升降运动可以由驾驶人操纵主控开关控制全车的车窗玻璃升降,也可以由各车门上设置的分控开关分别操纵各车窗玻璃的升降。车窗升降器一般由电动机、减速器、传动机构及托架等组成。车窗升降器的传动机构有绳轮式和交叉臂式两种。图 3-23 所示为绳轮式电动车窗升降器,图 3-24 所示为交叉臂式电动车窗升降器。

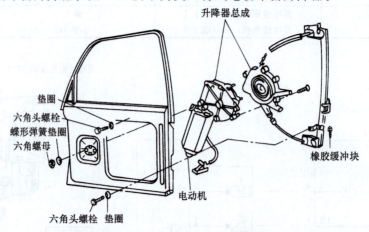

图 3-23 绳轮式电动车窗升降器

主控开关对全车电动车窗升降系统进行总的操纵。电动车窗主控开关的结构如图 3-25 所示。在主控开关上设有一个锁止开关,当启动锁止开关时,便切断各分控开关的电路,此时只能用主控开关升降各电动车窗玻璃。有些车型还增加了其他安全措施:只有当点火开关在 RUN 档或 ACC 档时,分控开关才能起作用。电动车窗的主控开关、分控开关与点火开关的控制关系,如

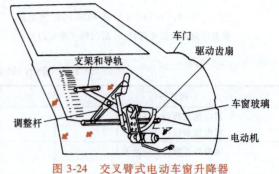

图 3-24 交叉臂式电动车窗升降器

图 3-26 所示。

  永磁式电动机是通过改变电枢电流的方向来改变电动机的旋转方向，使车窗玻璃上升或下降的，电动机本身不搭铁，而是到主控开关搭铁，如图 3-26 所示。

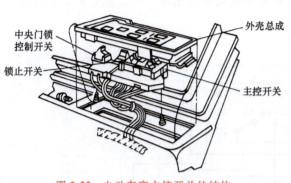

图 3-25 电动车窗主控开关的结构

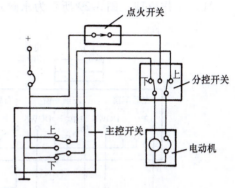

图 3-26 电动车窗的主控开关、分控开关与点火开关的控制关系

  对于有些车型采用电磁式电动机的电动车窗，其电路如图 3-27 所示。其原理是电动机有两个绕向相反的励磁绕组，一个是上升绕组，一个是下降绕组，每次工作时，给其中一个励磁绕组通电，电动机的旋转方向是由励磁绕组决定的，且电动机本身是搭铁的。

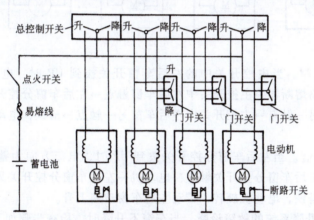

图 3-27 电磁式电动机的电动车窗电路

  电动车窗升降系统电路中，一般要设有断路保护器（电路断电器），其结构如图 3-28 所示。有些车型的电动车窗升降系统中，断路保护器设在电动机的内部。断路保护器的作用是避免电动机因超载而烧坏（例如：当车窗玻璃处于全开状态或完全关闭状态时控制开关继续接通，或者玻璃在升降过程中被卡死，这时容易发生电流过大现象，进而使电动机烧坏）。电动车窗升降系统中断路保护器的触点一般为双金属片式结构，当车窗升降系统电路电流过大时，双金属片因温度上升产生翘曲

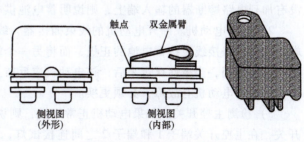

图 3-28 断路保护器的结构

变形而使触点张开，切断电路。当电路断开后，双金属片冷却，变形消失，触点再次闭合。

二、电动车窗控制系统工作过程

（1）工作原理　图3-29所示为永磁式电动机的电动车窗电路。现以左后车窗上升为例说明其工作过程。

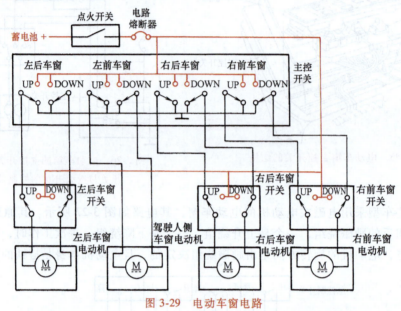

图3-29　电动车窗电路

1）主控开关控制。当主控开关中的左后车窗开关拨到UP时，电流方向为蓄电池正极→点火开关→电路熔断器→主控开关中左后车窗触点→左后车窗分控开关触点→电动机→左后车窗分控开关另一触点→主控开关中左后车窗另一触点→搭铁，电动机旋转，带动左后车窗玻璃上升。

2）分控开关控制。当左后车窗分控开关拨到UP时，电流方向为蓄电池正极→点火开关→电路熔断器→左后车窗分控开关触点→电动机→左后车窗分控开关另一触点→主控开关中左后车窗触点→搭铁，电动机旋转，带动左后车窗玻璃上升。

（2）电动车窗升降系统的故障诊断　当车窗不升降时，检查步骤如下：

1）检测电路熔断器。如果全车所有的车窗玻璃升降都不进行，则应首先检测电路熔断器。用试灯或电压表检测电路熔断器两端的电压，如果两端都有电压，则说明电路熔断器是好的；如果电路熔断器的输入端有电压而输出端没有，则说明该电路熔断器坏了；如果电压没有加到电路熔断器的输入端上，则说明蓄电池供电回路开路。

2）检测电动机。断开电动机的线束插接器，线束插接器只有两个端子，将其中的一个端子用一根跨接线短接蓄电池的正极，而将另一个端子用一根线搭铁。如果电动机旋转，则把跨接线对调，当极性反过来后，该电动机应反转。如果电动机在一个或两个方向上都不旋转，则说明电动机有故障，必须更换。

3）检测主控开关。如果电动机正常运转，则说明故障出在控制电路。为此要检测主控开关，在主控开关端子1和端子2之间连接试灯，连接方法如图3-30所示。当主控开关在关（OFF）位置时，试灯应亮。如果灯不亮，则说明到主控开关的电源线或主控开关搭铁电路开路。检查搭铁端子4的连接好坏,如果很好,则继续检测。

如果试灯在短接端子1和2时亮,把开关设置到UP档,试灯应熄灭。在端子1和3之间重复这样的检测,此时要把开关设置到DOWN档。

4)检测车窗开关。如果主控开关是好的,则检测车窗开关。在端子6上应有蓄电池电压,否则检查点火开关是否闭合,检查从端子6到电路熔断器之间的电路。将试灯短接在端子8和6之间(图3-31),试灯应亮起直至开关打到DOWN档才熄灭;把试灯短接到端子6和9之间,检测UP档。

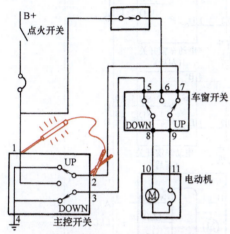

图3-30　检测主控开关的试灯连接方法

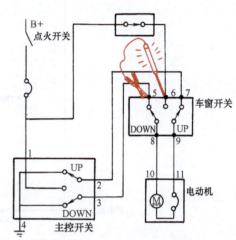

图3-31　检测分控开关的试灯连接方法

5)如果工作速度比正常慢,则表明存在接触电阻或机械连杆机构有障碍。采用电压降检测方法查找产生接触电阻的原因。接触电阻可能存在于开关电路、搭铁回路或电动机中。如果是机械故障,则检查连杆机构有无弯曲或障碍制约。

三、丰田卡罗拉汽车电动车窗控制原理

丰田卡罗拉汽车电动车窗系统控制原理如图3-32所示,主控开关及分控开关电源线由POWER继电器控制,POWER继电器由主车身ECU控制。当点火开关打到IG档时,主车身ECU中的PWS端子输出电压使POWER继电器触点闭合,此时通过主控开关或分控开关便可控制车窗玻璃工作。主车身ECU通过LIN总线与电动车窗ECU(驾驶人侧)通信。

驾驶人侧主控开关上有锁止开关,如图3-33所示,锁止开关控制其他车窗电动机搭铁回路,当驾驶人按下锁止开关时,所有乘员侧车窗开关失效,乘员侧无法控制其车窗玻璃上升或下降。

驾驶人侧车窗开关AUTO上升或下降分别有两个档位,如图3-33所示。玻璃上升时,有档位1和档位2,当AUTO开关向上微拉(档位1)时,玻璃上升,松开手后玻璃就会停止,玻璃可实现点动上升,根据需要选择车窗玻璃的位置;当AUTO开关向上拉到底(档位2)后松开手,车窗玻璃会自动上升到关闭为止,玻璃可实现一键关闭。同理,驾驶人侧玻璃在下降过程中通过AUTO开关可实现点动下降或一键打开,如图3-33中所示的档位3和档位4。

凡具有一键升降功能的玻璃升降器,都需要有玻璃防夹功能。在玻璃上升过程中,当ECU识别到电动机工作电流过大时,立刻改变电动机旋转方向,使门玻璃向下运行。

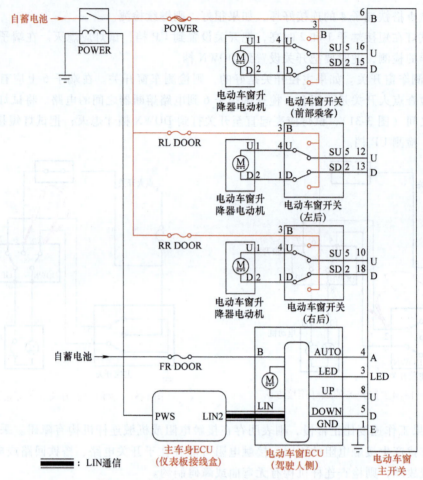

图 3-32 丰田卡罗拉汽车电动车窗系统的电路

四、德系大众汽车电动车窗控制原理

德系大众汽车驾驶人侧车窗主控开关如图 3-34 所示，电动车窗系统控制原理如图 3-35 所示。在窗锁止开关只控制后排两个车窗玻璃。

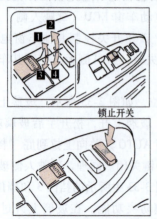

图 3-33 丰田卡罗拉轿车电动车窗系统驾驶人侧主控开关

图 3-34 德系大众汽车驾驶人侧车窗主控开关

项目三　电控舒适娱乐系统检测与维修

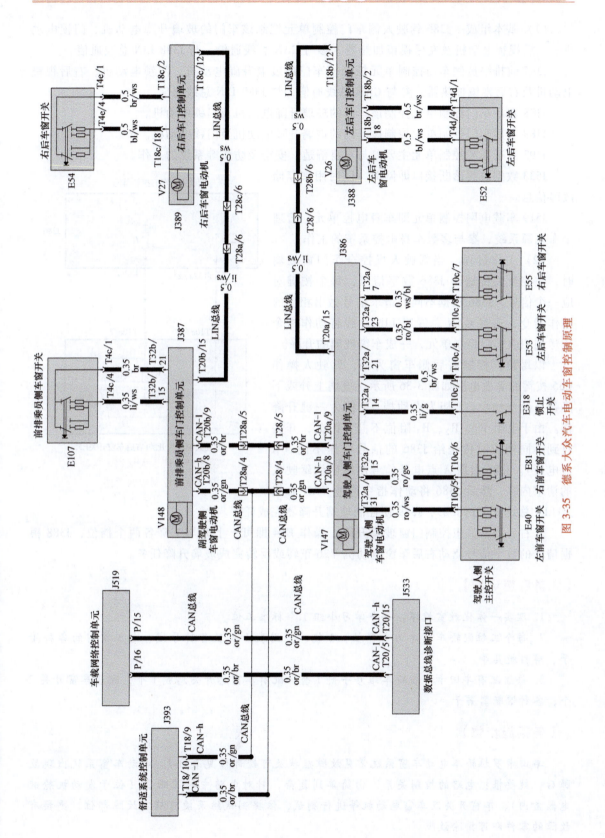

图 3-35　德系大众汽车电动车窗控制原理

（1）基本组成　J386驾驶人侧车门控制单元控制该车门的玻璃升降电动机、门锁电动机、左后视镜电动机及左后视镜加热器，参与CAN总线通信，与J388 LIN总线通信。

J387前排乘员侧车门控制单元控制该车门的玻璃升降电动机、门锁电动机、右后视镜电动机及右后视镜加热器，参与CAN总线通信，与J389 LIN总线通信。

J388左后车门控制单元控制该车门的玻璃升降电动机及门锁电动机。

J389右后车门控制单元控制该车门的玻璃升降电动机及门锁电动机。

J393舒适系统控制单元主要参与车身舒适、安全及防盗等系统的工作。

J533数据总线诊断接口即网关，同时用来存储故障信息。

J519车载电网控制单元即车身电控单元，管理全车电源系统，参与多数车身电控系统的工作。

（2）工作过程　当驾驶人操控全车门窗玻璃时，主控开关传送给J386数字信号，每个按键对应一个信号，J386根据不同的请求信号做出相应的动作指令，通过CAN总线或LIN总线将动作指令传送到相应车门控制单元，完成车窗玻璃的升降。

以驾驶人控制右后侧车窗为例，驾驶人操作E55按键的等效电路如图3-36所示。玻璃上升或下降各有两个档位，1档为点动档，2档为一键升降档。由于电阻R_1、R_2、R_3阻值不同，因此，开关打到不同档位时传送给J386的信号电压不同（A点电压）。J386根据A点电压信号便可确认驾驶人的请求内容，然后J386将动作指令通过CAN总线及LIN总线发送到J389，J389便控制玻璃升降器完成任务。

若右后侧乘员想控制门窗玻璃升降，操作E54即可，上升与下降各两个档位，J388根据请求的数字信号驱动右后车窗电动机V26正转或反转完成玻璃升降任务。

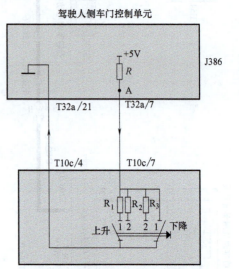

图3-36　德系大众汽车电动车窗控制等效电路

【任务实施环境】

1. 理实一体化教室授课，每个学习小组1个标准工位。

2. 每个工位配轿车（丰田卡罗拉）1辆、万用表1块及各种导线、电工常用的各种钳子、螺钉旋具等。

3. 每组配有丰田卡罗拉轿车维修手册1套，配有车窗总开关总成1个，配后车窗开关2个，各种熔断器若干。

【任务实施步骤】

丰田卡罗拉轿车电动车窗系统常见故障症状及可疑部位见表3-7。电动车窗系统出现故障后，就要根据电路的控制关系，由简单到复杂，针对电路中的熔断器（位于发动机舱继电器盒内）、车窗开关及车窗电动机等进行测试，依据测试结果便可确定故障部位，更换有故障的零件即可排除故障。

项目三 电控舒适娱乐系统检测与维修

表 3-7 电动车窗系统常见故障症状及可疑部位

症状	可疑部位
用电动车窗主控开关无法操作电动车窗	POWER、PWR、RR DOOR LH 和 RR DOOR RH 熔断器
	数据表/主动测试
	电动车窗主控开关电路（电源）
	电动车窗升降器电动机电路
	电动车窗主控开关
用电动车窗开关无法操作前排乘员侧电动车窗	电动车窗开关电路（电源）
	电动车窗升降器电动机电路（前排乘员侧）
	电动车窗开关（前排乘员侧）
	线束或插接器
电动车窗开关无法操作左后侧电动车窗	电动车窗开关电路（电源）
	电动车窗升降器电动机电路（左后侧）
	电动车窗开关（左后侧）
	线束或插接器
电动车窗开关无法操作右后侧电动车窗	电动车窗开关电路（电源）
	电动车窗升降器电动机电路（右后侧）
	电动车窗开关（右后侧）
	线束或插接器
驾驶人侧自动上升/下降功能不起作用（仅防夹辅助功能）	诊断检查
	电动车窗升降器电动机重置
	电动车窗主开关
	线束或插接器
遥控上升/下降功能不起作用	电动车窗主开关
	线束或插接器
将点火开关置于 OFF 位置后，即使不满足工作条件，电动车窗仍然可以工作	前门控灯开关
	线束或插接器（LIN 通信线路）
自动操作不能完全关闭驾驶人侧电动车窗（防夹功能被触发）	电动车窗升降器电动机重置
	车窗玻璃升降槽
	电动车窗主控开关
驾驶人侧自动下降功能不起作用（仅自动下降）	电动车窗主控开关
	电动车窗升降器电动机电路（驾驶人侧）
	线束或插接器
前排乘员侧 PTC 功能不起作用	电动车窗升降器电动机（前排乘员侧）
左后侧 PTC 功能不起作用	电动车窗升降器电动机（左后侧）
右后侧 PTC 功能不起作用	电动车窗升降器电动机（右后侧）

1) 首先检查熔断器、继电器及蓄电池电压，确保完好。
2) 可以先读取故障码。电动车窗系统故障码见表 3-8。
3) 车窗主控开关的检测。车窗主控开关的端子如图 3-37 所示，检测标准见表 3-9。若结果与标准不符，则更换车窗主控开关。
4) 后车窗开关的检测。后车窗开关的端子如图 3-38 所示，检测标准见表 3-10。若结果与标准不符，则更换后车窗开关。
5) 车窗电动机的检测。车窗电动机及其端子如图 3-39 所示，检测标准见表 3-11，若结果与标准不符，则更换车窗电动机。

表 3-8 电动车窗系统故障码

DTC 代码	检测项目	故障部位
B2311	驾驶人侧车门电动机故障	1) 当点火开关置于 ON（IG）位置时, 蓄电池连接断开 2) 电动车窗升降器电动机（驾驶人侧） 3) 电动车窗零部件
B2312	驾驶人侧车门主控开关故障	1) 电动车窗升降器电动机（驾驶人侧） 2) 电动车窗主控开关 3) 线束或插接器 4) 在同一位置按住电动车窗主控开关超过 20s
B2313	玻璃位置初始化未完成	电动车窗升降器电动机（驾驶人侧）
B2321	驾驶人侧车门 ECU 通信终止	1) 电动车窗升降器电动机（驾驶人侧） 2) 主车身 ECU（仪表板接线盒） 3) 线束或插接器

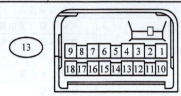

图 3-37 车窗主控开关的端子

表 3-9 车窗主控开关端子的检测标准

检测仪表连接	条件	规定状态	实测结果
8（U）-1（E）-4（A）	自动 UP（驾驶人侧）	<1Ω	
8（U）-1（E）	手动 UP（驾驶人侧）	<1Ω	
4（A）-5（D）-1（E）	自动 DOWN（驾驶人侧）	<1Ω	
6（B）-16（U） 15（D）-1（E）	UP（前排乘员侧）	<1Ω	
6（B）-15（D） 16（U）-1（E）	DOWN（前排乘员侧）	<1Ω	
6（B）-12（U） 13（D）-1（E）	UP（左后侧）	<1Ω	
6（B）-13（D） 12（U）-1（E）	DOWN（左后侧）	<1Ω	
6（B）-10（U） 18（D）-1（E）	UP（右后侧）	<1Ω	
6（B）-18（D） 10（U）-1（E）	DOWN（右后侧）	<1Ω	

没有线束连接的零部件：（电动车窗开关）

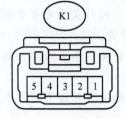

图 3-38 后车窗开关的端子

项目三 电控舒适娱乐系统检测与维修

表 3-10 后车窗开关端子的检测标准

检测仪表连接	开关状态	规定状态	实测结果
1（D）-2（SD）	UP	<1Ω	
3（B）-4（U）		<1Ω	
1（D）-2（SD）	OFF	<1Ω	
4（B）-5（SU）		<1Ω	
4（D）-5（SU）	DOWN	<1Ω	
1（D）-3（B）		<1Ω	

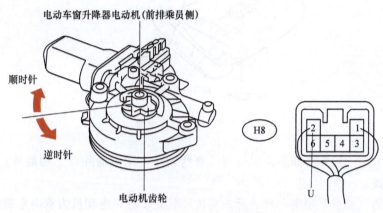

图 3-39 车窗电动机及其端子

表 3-11 车窗电动机端子的检测标准

测量条件	规定状态	实测结果
蓄电池负极（-）—端子 2 蓄电池负极（+）—端子 1	电动机齿轮顺时针旋转	
蓄电池负极（-）—端子 1 蓄电池负极（+）—端子 2	电动机齿轮逆时针旋转	

任务三　电动座椅系统检测与维修

任务导入

为了提高驾驶人驾驶车辆的舒适性，驾驶人座椅可采用电动座椅。电动座椅一般具备前后滑动、靠背倾角、升降和腰部支撑调节等基本功能。

相关知识

汽车电动座椅的结构如图 3-40 所示，其调整方向有向前、向后、向上、向下、前俯和

67

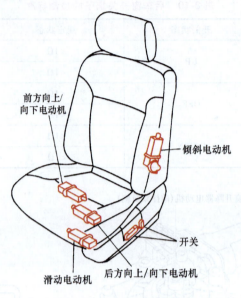

图 3-40 汽车电动座椅

后仰 6 个调整方向,且靠背倾斜角度可调。有些轿车电动座椅除以上功能外,座椅的头枕、扶手等也可调整。

电动座椅的调整系统由电动机、开关和传动装置组成。电动机为双向永磁式,座椅的调整功能越多,电动机的数量越多。调整开关可控制电动机的电流方向,从而使电动机具有两个转动方向。图 3-41 所示为汽车电动座椅电路,该电动座椅有 4 个电动机。

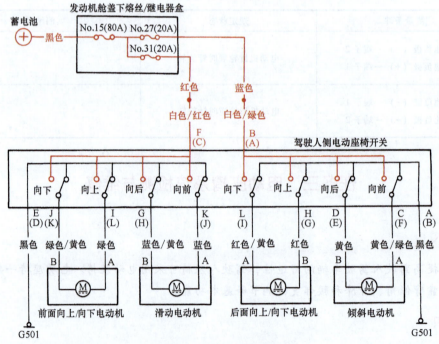

图 3-41 汽车电动座椅电路

项目三 电控舒适娱乐系统检测与维修

【任务实施环境】

1) 理实一体化教室授课,每个学习小组1个标准工位。

2) 每个工位配轿车(丰田卡罗拉)1辆、万用表1块及各种导线、电工常用的各种钳子、螺钉旋具等。

3) 每组配有丰田卡罗拉轿车维修手册1套,配有电动座椅开关总成1个,配有电动座椅总成1个。

【任务实施步骤】

丰田卡罗拉轿车电动座椅的外部结构如图3-42所示,分解图如图3-43所示,电动座椅系统电路图如图3-44所示,电动座椅系统常见故障症状及可疑部位见表3-12。根据故障现象,参照系统电路图,对系统各主要部件进行检查或测试,依据测试结果便可确定故障部位,更换有故障的零件即可排除故障。

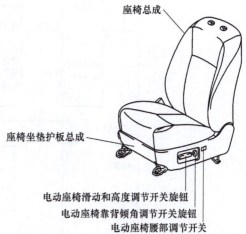

图3-42 丰田卡罗拉轿车电动座椅的外部结构

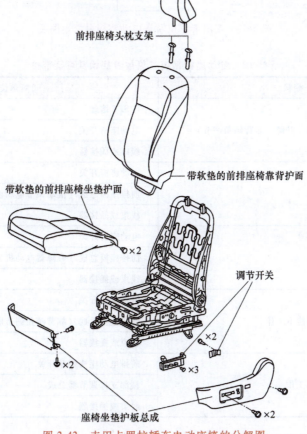

图3-43 丰田卡罗拉轿车电动座椅的分解图

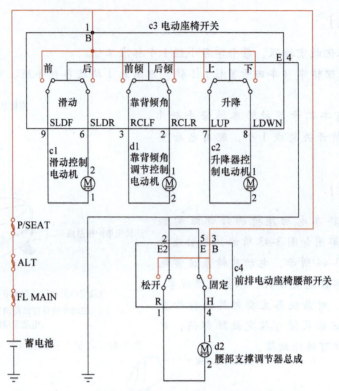

图3-44 丰田卡罗拉轿车电动座椅系统电路图

表3-12 电动座椅系统常见故障症状及可疑部位

症状	可疑部位
电动座椅不工作（滑动、升降、靠背倾角调节）	P/SET熔丝
	电动座椅开关
	线束或插接器
仅滑动操作功能不工作	电动座椅开关
	前排座椅总成（滑动调节电动机）
	线束或插接器
仅升降操作功能不工作	电动座椅开关
	前排座椅总成（升降器电动机）
	线束或插接器
仅靠背倾角调节操作功能不工作	电动座椅开关
	前排座椅总成（靠背倾角调节电动机）
	线束或插接器
仅腰部支撑操作功能不工作	前排电动座椅腰部开关
	腰部支撑调节器总成
	线束或插接器

1）确认熔断器及蓄电池电压正确，蓄电池电压应为12~14V。

2) 电动座椅开关的检测。电动座椅开关及其端子如图3-45所示，电动座椅开关检测结果见表3-13。若检测结果与标准不符，则更换电动座椅开关总成。

3) 电动座椅电动机的检测。直接将蓄电池电压接到电动机的端子上，电动机应转动；调换正、负极，电动机若反方向旋转，说明电动机正常。否则，更换电动机。

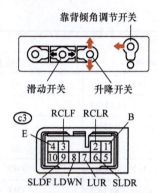

图3-45 电动座椅开关及其端子

表3-13 电动座椅开关检测结果

滑动开关			
检测仪连接	开关状态	规定状态	实测结果
c3-1（B）-c3-9（SLDF）	前	小于1Ω	
c3-4（E）-c3-6（SLDR）	前	小于1Ω	
c3-1（B）-c3-6（SLDR）	前	10kΩ或更大	
c3-4（E）-c3-9（SLDF）	前	10kΩ或更大	
c3-4（E）-c3-6（SLDR）	OFF	小于1Ω	
c3-4（E）-c3-9（SLDF）	OFF	小于1Ω	
c3-1（B）-c3-6（SLDR）	OFF	10kΩ或更大	
c3-1（B）-c3-9（SLDF）	OFF	10kΩ或更大	
c3-1（B）-c3-6（SLDR）	后	小于1Ω	
c3-4（E）-c3-9（SLDF）	后	小于1Ω	
c3-1（B）-c3-9（SLDF）	后	10kΩ或更大	
c3-4（E）-c3-6（SLDR）	后	10kΩ或更大	
升降开关			
检测仪连接	开关状态	规定状态	实测结果
c3-1（B）-c3-7（LUP）	开	小于1Ω	
c3-4（E）-c3-8（LDWN）	开	小于1Ω	
c3-1（B）-c3-8（LDWN）	开	10kΩ或更大	
c3-4（E）-c3-7（LUP）	开	10kΩ或更大	
c3-4（E）-c3-7（LUP）	OFF	小于1Ω	
c3-4（E）-c3-8（LDWN）	OFF	小于1Ω	
c3-1（B）-c3-7（LUP）	OFF	10kΩ或更大	
c3-1（B）-c3-8（LDWN）	OFF	10kΩ或更大	
c3-1（B）-c3-8（LDWN）	降	小于1Ω	
c3-4（E）-c3-7（LUP）	降	小于1Ω	
c3-1（B）-c3-7（LUP）	降	10kΩ或更大	
c3-4（E）-c3-8（LDWN）	降	10kΩ或更大	

（续）

	靠背倾角调节开关		
检测仪连接	开关状态	规定状态	实测结果
c3-1（B）-c3-3（RCLF）	前	小于1Ω	
c3-4（E）-c3-2（RCLR）	前	小于1Ω	
c3-1（B）-c3-2（RCLR）	前	10kΩ 或更大	
c3-4（E）-c3-3（RCLF）	前	10kΩ 或更大	
c3-4（E）-c3-2（RCLR）	OFF	小于1Ω	
c3-4（E）-c3-3（RCLF）	OFF	小于1Ω	
c3-1（B）-c3-3（RCLF）	OFF	10kΩ 或更大	
c3-1（B）-c3-2（RCLR）	OFF	10kΩ 或更大	
c3-1（B）-c3-2（RCLR）	后	小于1Ω	
c3-4（E）-c3-2（RCLF）	后	小于1Ω	
c3-1（B）-c3-3（RCLF）	后	10kΩ 或更大	
c3-4（E）-c3-2（RCLR）	后	10kΩ 或更大	

任务四　电动后视镜系统检测与维修

任务导入

驾驶人在行车过程中，通过后视镜来获取汽车后方和侧方等外部信息。当汽车在不同的道路条件下或在出入停车场时，有时需要调整后视镜；当同一车辆换不同的人驾驶时，有时也需要调整后视镜。为了减轻调整镜的劳动强度，现在车辆上普遍采用电动后视镜。

相关知识

一、后视镜种类

后视镜是汽车必备的安全装置之一，驾驶人在行车过程中通过后视镜来获取汽车后方和侧方等外部信息。

1. 按照安装位置的不同分类

后视镜按照安装位置的不同可分为内后视镜、外后视镜和下视镜3种。内后视镜一般装在驾驶室内的前上方，用于驾驶人观察车内部情况或者透过后车窗观察汽车后方的道路状况。左、右后视镜一般装在车门或者前立柱附近，用于驾驶人观察道路两侧后方情况。下视镜安装在车身外部的车前或车后部位，用于驾驶人观察车前或车后地面的情况。

2. 按照镜面形状的不同分类

后视镜按照镜面形状的不同可分为平面镜、球面镜和双曲率镜。平面镜的镜面为一个平面，用其观察到的物体影像不会失真，可以真实反映车后物体的外形和实际距离。但是平面镜后视范围小，视觉盲区过大，常用其来做内后视镜。球面镜的镜面为一个球面，后视范围大，但是后视物体影像缩小失真，不能真实反映车后物体大小和实际距离，常用其做外后视镜和下视镜。双曲率镜的球面部分采用较大的曲率半径，基本上解决了失真和盲区的问题，兼具前两者的优点，但其制造工艺复杂、成本昂贵，主要用作驾驶人侧的后视镜。

3. 按照防眩目功能的不同分类

后视镜按照防眩目功能的不同可分为普通型后视镜和防眩目型后视镜。普通型内后视镜多为反射膜是铝或银的平面镜，其结构简单、成本低，但无夜间行车时的防眩目功能。防眩目型内后视镜可分为棱形镜、平面防眩镜和液晶式防眩镜。棱形防眩镜的镜表面与镜里面反射膜的反射率不同。白天使用镜里面反射膜来反射光线，反射率为70%～80%；夜间则使用镜表面反射膜，反射率为4%～5%，这样驾驶人只要将内后视镜搬动一个角度，既可以看见后面的车灯，又能避免眩目。平面防眩目内后视镜由两块平面玻璃组成，一块是透明的表面镜片，另一块是涂上反射膜的内镜片。白天行车时，表面镜片与内镜片平行，反射率为80%以上；夜间行车时，使表面镜片和内镜片呈一定角度形成棱形镜，反射率为4%，从而起到防眩目作用。液晶式防眩目内后视镜在两块透明平面玻璃之间夹一块液晶片。白天使用时，不接通液晶片的电源，玻璃的透明度大，反射率可达80%以上；夜间使用时，接通液晶的电源，玻璃透明度下降，反射率降低，从而达到防炫目的目的。液晶片的电源开关可以由驾驶人通过按钮控制，也可以用光电元件组成的控制开关根据白天与夜间光通量的不同来自动控制。液晶式防眩目内后视镜已得到普遍应用。

4. 按照操纵方式的不同分类

后视镜按照操纵方式的不同可分为普通后视镜和电控后视镜。普通后视镜为机械式结构，驾驶人用手来上、下、左、右调整后视镜的镜面角度；或驾驶人操纵车厢内的手柄，通过2～3根软轴的推拉传递力来改变后视镜的角度；或后视镜的调整机构装在车门内板上，结构为杠杆式，驾驶人操纵车厢内的手柄，通过杠杆传递力来改变后视镜的角度。电动式后视镜的调整机构包括两个小型直流电动机、减速齿轮和离合器等。驾驶人通过车厢内的按钮即可调整后视镜的角度。此种机构操作方便，但其结构复杂、价格较高，多用于高级轿车。

二、后视镜的功能

后视镜作为汽车重要的安全附件，人们对其提出了越来越高的要求。目前在一些高档轿车上所配置的电动后视镜已具有防眩目、防雨雾模糊和防灰尘污染等功能，且通过减小体积来减小汽车高速行驶的阻力，从而提高汽车的动力性和经济性。

1. 防模糊后视镜

该种后视镜可以防止雨天行车时，因雨水沾附而干扰驾驶人视线。例如：在后视镜中加入超声波除雨滴装置，当打开开关后，控制电路中激振控制器使压电振子产生高频振动，使附着在镜片上的水滴瞬时雾化，同时加热器使雾化的水滴蒸发，此装置也可用于冬季除霜。也可在后视镜制造过程中，引进亲水处理技术，使其具有防模糊雾化功能。该种后视镜使用氧化钛和二氧化硅制成的镜膜，当被雨淋之后，膜上的水珠被光照射会扩散成薄膜，不妨碍视线，同时该膜还具有分解镜面附着的灰尘和雾露的作用，可以自洁，免于维护，使用十分简便。

2. 防眩目后视镜

防眩目后视镜种类繁多，如前述的棱形镜、平面防眩目后视镜和液晶防眩目后视镜。还有一种可以自动调节的防眩目后视镜,该后视镜使用特殊的芯片,一旦遇到外来强光的照射,镜面会自动变暗,不至于反射出刺眼的光线。

3. 低轮廓后视镜

该种后视镜可以减小空气阻力、降低燃油消耗。目前开发出的低轮廓后视镜比常规安装的后视镜少凸出60%,空气阻力降低5%,百公里油耗可节省0.3L。

4. 防撞后视镜

当后视镜碰到障碍物时,后视镜内部的避让电动机使后视镜自动旋转,避开障碍。

三、电动后视镜的工作原理

对于电动调节的后视镜,驾驶人只需操作开关便能将外面的后视镜调整到合适的位置。电动后视镜的调节开关如图3-46所示。电动后视镜镜片背后装有两套永磁电动机,其中一套电动机能使后视镜上下偏转,另一套能使后视镜左右偏转。左、右后视镜由一个开关控制,一般采用顺时针或逆时针旋转确定左或右后视镜。例如:要调整右后视镜,先将开关顺时针转动一下,然后上、下、左、右操作开关,右后视镜便可按操作达到相应的位置。电动后视镜控制系统电路如图3-47所示,下面以调整左后视镜为例,说明其工作过程。

图3-46 电动后视镜的调节开关

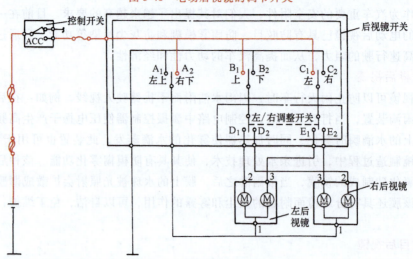

图3-47 电动后视镜控制系统电路

首先，逆时针旋转开关，使后视镜控制电路中的触点 D_1、E_1 闭合。

若要使镜片向上旋转，则向上搬动开关，使后视镜控制开关中的触点 A_1、B_1 闭合。其电路为蓄电池正极→点火开关→触点 B_1→触点 D_1→左侧后视镜电动机 2-1→触点 A_1→搭铁。这样左后视镜镜片将向上旋转，直到松开后视镜控制开关为止。

若要使镜片向右旋转，则向右搬动开关，使后视镜控制开关中的触点 A_2、C_2 闭合。其电路为蓄电池正极→点火开关→触点 A_2→左侧后视镜电动机 1-3→触点 E_1→触点 C_2→搭铁。这样左后视镜镜片将向右旋转，直到松开后视镜控制开关为止。

四、自动调节的内后视镜

对于自动调节的内后视镜，当照到内后视镜上的光线太强，会引起驾驶人的视觉不舒服时，内后视镜便自动翘起。

自动调节的内后视镜在后视镜镜片内装有两块电池，其中一块电池用来测定车内光线的强度，另一块电池用来测定后视镜受光照的强度。若照到内后视镜的光线强度大于车内光线的强度，并且超过预设值，则驱动内后视镜的电磁线圈被励磁，将内后视镜翘起。

五、电控变色外后视镜

图 3-48 所示为电控变色外后视镜。此后视镜根据眩目光的强度自动调节反射率。镜片的处理工艺与变色太阳镜镜片所采用的工艺相同，如果眩目光强烈，则后视镜将变暗。电控变色外后视镜的优点是后视镜提供的反射率为 20%~30%，这是人感觉舒服的反射率。当不存在眩目光时，后视镜改变到白天的反射率，即额定反射率的 85% 以上。

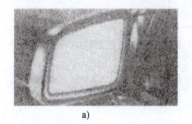 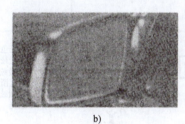 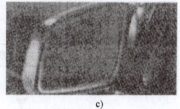

图 3-48 电控变色外后视镜
a）白天 b）中等眩目光 c）强眩目光

后视镜总成由采用两块导电玻璃中间夹一薄层电变色物质构成的镜片、装在后视镜前后的两个测定光强度的光电管传感器和固体模块等构成。夜间驾驶汽车时，后面汽车前照灯光束照到后视镜上，后视镜便会随着光强度逐渐变暗。变暗的后视镜吸收眩目光。驾驶人可以通过一个三位置开关来选取后视镜感光的灵敏度。

图 3-49 所示为自动电控变色的白天/黑夜（两档）后视镜电路图。当点火开关置于 RUN 档时，蓄电池电压加至三位置开关的电刷上。如果开关是在 MIN 位置（MIN 位置用于市内行车），蓄电池电压加至固体电路模块，固体电路模块便设定低灵敏度。在 MAX 位置时，引起后视镜变暗的程度比在 MIN 位置时变暗的程度大。当变速器挂倒档时，便启动重设电路，后视镜恢复到能清晰后视的白天设置。

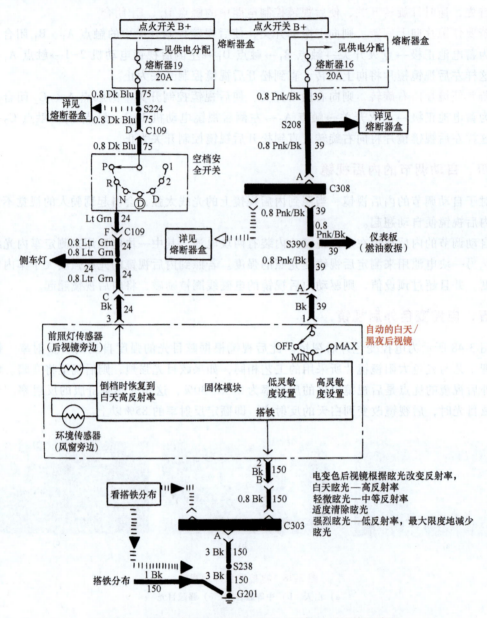

图 3-49 自动电控变色的白天/黑夜（两档）后视镜电路图

六、丰田卡罗拉轿车外后视镜工作原理

1）丰田卡罗拉轿车外后视镜操作方法如图 3-50 所示。第一步先选择需要调整左或右后视镜，第二步选择调整的方向。

2）丰田卡罗拉轿车外后视镜的折叠方法如图 3-51 所示，用手向后推即可将其折叠。

3）丰田卡罗拉轿车外后视镜的除雾方法如图 3-52 所示。当打开后车窗除雾器时，外后视镜除雾器也将打开，除雾器运行 15min 后将自动关闭。

4）丰田卡罗拉轿车外后视镜电路如图 3-53 所示。后视镜工作原理如下：

项目三 电控舒适娱乐系统检测与维修

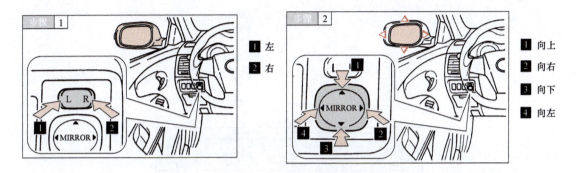

图 3-50 丰田卡罗拉轿车外后视镜操作方法

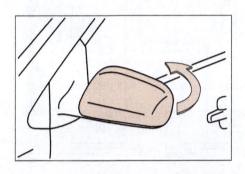

图 3-51 丰田卡罗拉轿车外后视镜的折叠方法

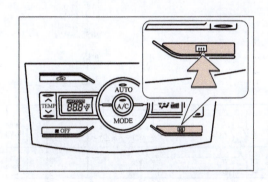

图 3-52 丰田卡罗拉轿车外后视镜的除雾方法

第一步是选择左镜或右镜,此时选择开关的两个闸刀联动。

第二步是选择方向,此时方向开关是两个闸刀联动的。例如选择左侧后视镜向上调整,所有带"上"方向的闸刀闭合,图中的"上"与"左、上"两个闸刀闭合,如图 3-54 所示,实现向上调整;如果想将左侧后视镜向下调整,所有带"下"方向的闸刀闭合,图中的"下"与"右、下"两个闸刀闭合,电动机向相反的方向转动,实现左侧后视镜向下调整。

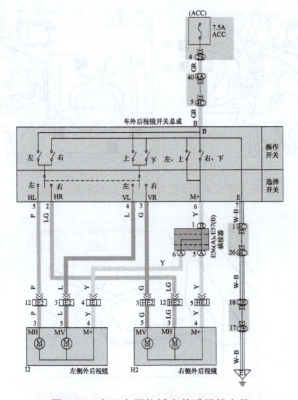

图 3-53　丰田卡罗拉轿车外后视镜电路

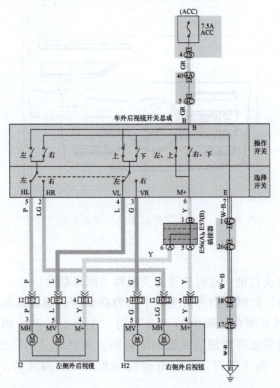

图 3-54　丰田卡罗拉轿车左侧后视镜向上调整电路

项目三　电控舒适娱乐系统检测与维修

【任务实施环境】

1）理实一体化教室授课，每个学习小组1个标准工位。

2）每个工位配轿车（丰田卡罗拉）1辆、万用表1块及各种导线、电工常用的各种钳子、螺钉旋具等。

3）每组配有丰田卡罗拉轿车维修手册1套，配有车外后视镜开关总成1个，车外后视镜总成1个，各种熔断器若干。

【任务实施步骤】

1. 车外后视镜的检测

车外后视镜的端子如图3-55所示，检测标准见表3-14。若结果与标准不符，则更换后视镜。

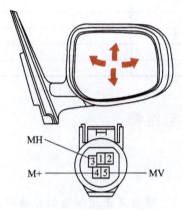

图3-55　车外后视镜的端子

表3-14　车外后视镜的检测结果

测量条件	规定状态	实测结果
蓄电池正极（+）—端子5（MV） 蓄电池负极（-）—端子4（M+）	上翻	
蓄电池正极（+）—端子4（M+） 蓄电池负极（-）—端子5（MV）	下翻	
蓄电池正极（+）—端子3（MH） 蓄电池负极（-）—端子4（M+）	左转	
蓄电池正极（+）—端子4（M+） 蓄电池负极（-）—端子3（MH）	右转	

2. 车外后视镜开关总成的检测

车外后视镜开关总成的端子如图3-56所示，检测标准见表3-15。若结果与标准不符，则更换车外后视镜开关总成。

图3-56　车外后视镜开关总成的端子

表 3-15 车外后视镜开关总成的检测标准

左侧后视镜（后视镜开关总成打到左侧位置）			
检测仪连接	开关条件	规定状态	实测结果
4（VL）-8（B）	UP	小于 1Ω	
6（M+）-7（E）	OFF	10kΩ 或更大	
4（VL）-7（E）	DOWN	小于 1Ω	
6（M+）-8（B）	OFF	10kΩ 或更大	
5（HL）-8（B）	LEFT	小于 1Ω	
6（M+）-7（E）	OFF	10kΩ 或更大	
5（HL）-7（E）	RIGHT	小于 1Ω	
6（M+）-8（B）	OFF	10kΩ 或更大	
右侧后视镜（后视镜开关总成打到右侧位置）			
检测仪连接	开关条件	规定状态	实测结果
3（VR）-8（B）	UP	小于 1Ω	
6（M+）-7（E）	OFF	10kΩ 或更大	
3（VR）-7（E）	DOWN	小于 1Ω	
6（M+）-8（B）	OFF	10kΩ 或更大	
2（HR）-8（B）	LEFT	小于 1Ω	
6（M+）-7（E）	OFF	10kΩ 或更大	
2（HR）-7（E）	RIGHT	小于 1Ω	
6（M+）-8（B）	OFF	10kΩ 或更大	

任务五 电动除霜系统检测与维修

任务导入

在气温较低的环境中，风窗玻璃内侧易结冰霜（或雾水），通常是采用加热的方法将其除去。前风窗玻璃一般采用暖风加热的方法除霜，而后风窗玻璃通常采用电热线加热的方法除霜。

相关知识

后风窗玻璃通常采用电热线加热的方法除霜，其中电热线由镀在后风窗玻璃内表面的多条金属导电膜制成。有些车辆以相同的电路加热外后视镜。因除霜系统耗电量很大，所以系统采用了定时电路。

丰田卡罗拉轿车后窗除雾器的细加热丝安装在后窗内部，如图 3-57 所示，能快速除去车窗表面的雾气。系统工作时，后窗除雾器开关指示灯会亮起。

后窗除雾器开关如图 3-58 所示，其电路如图 3-59 所示。其工作原理如下：

打开点火开关起动发动机，按下后窗除雾器开关（在空调控制总成上面）时，操作信号通过 LIN 总线传送到空调放大器总成

图 3-57 丰田卡罗拉轿车后窗除雾器加热丝

（空调 ECU）。空调放大器总成接收到信号后，将后窗除雾器（DEF）继电器触点闭合，后窗除雾器开始工作；再次按下后窗除雾开关后，后窗除雾器停止工作。若驾驶人不主动关闭后窗除雾开关，大约 15min 后，空调放大器总成便切断后窗除雾器（DEF）继电器的控制电路，后窗除雾器继电器（DEF）触点断开，后窗除雾器停止工作。

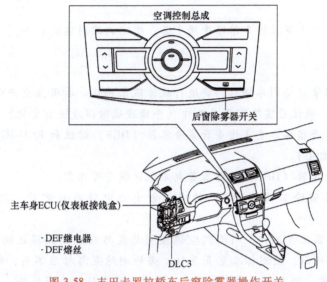

图 3-58　丰田卡罗拉轿车后窗除雾器操作开关

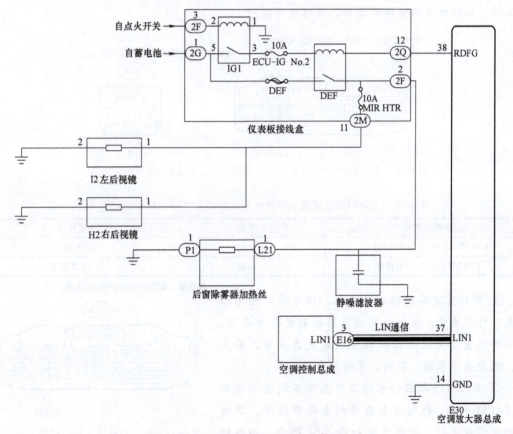

图 3-59　丰田卡罗拉轿车后窗除雾器电路

【任务实施环境】

1) 理实一体化教室授课,每个学习小组1个标准工位。

2) 每个工位配轿车(丰田卡罗拉)1辆,万用表1块及各种导线、电工常用的各种钳子、螺钉旋具等。

3) 每组配有丰田卡罗拉轿车维修手册1套,配空调控制总成1个。

【任务实施步骤】

1) 确认故障现象。接到车辆后,要进行故障现象确认。打开点火开关起动发动机,按下后窗除雾器开关,确认后窗除雾器不工作(手摸玻璃时温度没有变化)。

2) 检查熔丝是否损坏,重点检查后窗除雾器(DEF)熔丝和ECU-IG No.2熔丝(在仪表板继电器熔丝线盒上)。

3) 检查后窗除雾器(DEF)继电器蓄电池电源线是否正常。

4) 当熔丝及后窗除雾器(DEF)继电器蓄电池电源线正常后,用解码器进行主动测试:

① 若后窗除雾器正常工作,则检测空调控制总成与空调放大器之间的LIN通信线路,测量方法如图3-60所示,检测标准见表3-16。若检测结果与标准不符,则更换线束或插接器;若检测结果正常,则更换空调控制总成。此时,检查故障是否排除,若后窗除雾器还不能工作,则继续更换空调放大器,故障便可排除。

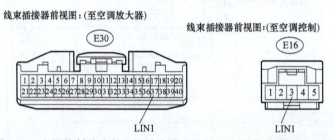

图3-60 空调控制总成与空调放大器之间的LIN通信线路测量方法

表3-16 空调控制总成与空调放大器之间的LIN通信线路检测标准

检测仪连接	条件	规定状态
E30-37(LIN1)-E16-3(LIN1)	始终	小于1Ω
E30-37(LIN1)-车身搭铁	始终	10kΩ 或更大

② 若后窗除雾器仍不能工作,但可听到继电器触点工作的声音,这时说明继电器控制电路都正常,只需要检查除雾器电源线及搭铁线是否正常,若正常,则更换除雾器;否则,更换除雾器线束。

③ 若后窗除雾器仍不能工作且听不到继电器触点工作的声音,说明继电器控制电路有故障。这时检测空调放大器,测量方法如图3-61所示,检测标

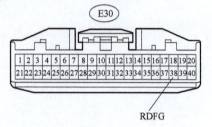

图3-61 检测空调放大器插接器线束端

项目三 电控舒适娱乐系统检测与维修

准见表 3-17。若检测结果与标准符合,则更换空调放大器;否则,更换此线束及插接器。

表 3-17 检测空调放大器检测标准

检测仪连接	条件	规定状态
E30-38(RDFG)-车身搭铁	点火开关置于 ON(IG)位置	11~14V

任务六 刮水器系统诊断与维修

任务导入

现在有丰田卡罗拉轿车刮水器不工作,请针对故障现象进行故障分析诊断与排除。

相关知识

为提高汽车行驶的安全性,确保在雨雪天气行车时驾驶人有良好的视线,汽车风窗玻璃上安装有刮水器。

电动刮水器的作用是刮除风窗玻璃上的雨水、雪或灰尘,确保驾驶人有良好的视线。目前在汽车上广泛采用的电动刮水器普遍具有高速、低速及间歇 3 个工作档位,而且电动刮水器除了具有变速功能之外,还有自动回位的功能。

一、电动刮水器的组成

电动刮水器与清洗器的元件位置如图 3-62 所示,电动刮水器由电动机、传动机构总成和刮水片三部分组成,如图 3-63 所示。电动机电枢轴端的蜗杆驱动蜗轮,蜗轮带动摇臂旋转,摇臂使拉杆往复运动,从而带动刮水片左右摆动。

电动刮水器的电动机一般有永磁式和励磁式两种,永磁式电动机结构简单、体积小、可靠性好,被广泛采用。图 3-64 所示为刮水器电动机总成的结构。

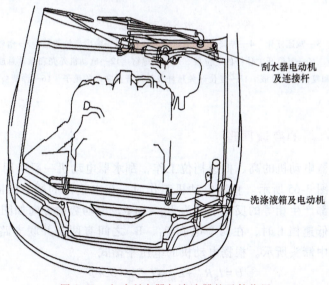

图 3-62 电动刮水器与清洗器的元件位置

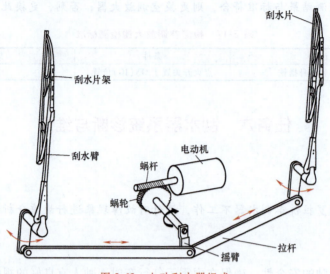

图 3-63 电动刮水器组成

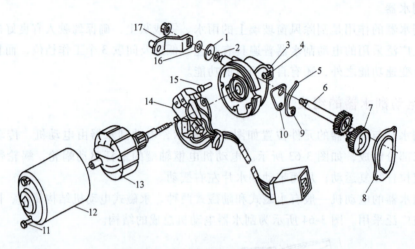

图 3-64 刮水器电动机总成的结构

1—平垫圈 2—O 形圈 3—减速器壳 4—弹簧 5—复位开关顶杆 6—输出齿轮和轴 7—惰轮和蜗轮 8—减速器盖 9—放在凸轮表面的部分 10—复位开关顶杆的定位板 11—长螺钉 12—电动机外壳和磁铁总成 13—电枢 14—3 个电刷的安装位置和复位开关总成 15—复位开关顶杆及其与开关联动的销子 16—弹簧垫圈 17—输出臂

二、电动刮水器的变速原理

为了实现刮水器电动机的高、低速档位工作,刮水器电动机一般采用三刷式永磁式电动机,其工作原理如图 3-65 所示。直流电动机工作时,在电枢内的所有线圈中同时产生反电动势,每个小线圈都产生相等的反电动势为 $E_{反}=cn\Phi$,电动势的方向如图中箭头所示。

当开关 S 拨到低速档 L 时,在两个电刷 B_1、B_3 之间有两条并联支路,各有 3 个线圈,反电动势方向如图中箭头所示。根据电动机的电压平衡式

$$U = I_S R_总 + E_反 = I_S R_总 + 3cn\Phi$$

得
$$n = \frac{U - I_S R_\text{总}}{3c\Phi}$$

当开关 S 拨到高速档 H 时,在两个电刷 B_2、B_3 之间有两条并联支路,一个支路有 2 个线圈串联,另一个支路有 4 个线圈串联,但其中一个线圈的反电动势方向与另 3 个线圈的反电动势方向相反,故在电动机电枢绕组上得到总的反电动势为 $2cn\Phi$。根据电动机的电压平衡式

$$U = I_S R_\text{总} + E_\text{反} = I_S R_\text{总} + 2cn\Phi$$

得
$$n = \frac{U - I_S R_\text{总}}{2c\Phi}$$

由上式可见,由于反电动势的减小,使电枢的转速上升,重新达到电压平衡,这样永磁式电动刮水器就得到了高、低速不同的工作档位。

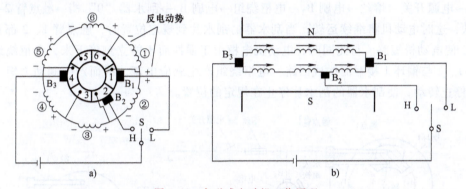

图 3-65 永磁式电动机工作原理

三、电动刮水器的电路控制及自动复位原理

电动刮水器的刮水速度可根据雨水量的大小由驾驶人进行控制。为了不影响驾驶人的视线,要求刮水器能自动复位,即不论在什么时候关闭刮水器开关,刮水片都能自动停在风窗玻璃的下部。刮水器自动复位原理就是将自动复位开关与刮水器开关并联,刮水器开关由驾驶人控制,而自动复位开关由蜗轮控制,只有当刮水片停在风窗玻璃下部规定位置时,自动复位开关才断开。

1. 凸轮式自动复位装置刮水器电路

凸轮式自动复位装置刮水器电路如图 3-66 所示,凸轮式自动复位开关由刮水器电动机

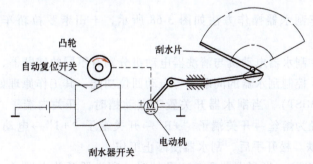

图 3-66 凸轮式自动复位装置刮水器电路

85

的减速机构蜗轮控制,当刮水片到风窗下部规定位置时,自动复位开关断开,电动机每转1周凸轮式自动复位开关断开1次,只有当驾驶人控制开关与自动复位开关同时断开时,刮水器电动机才能停止工作,这时刮水片回到了风窗下部规定位置。

2. 铜环式自动复位装置刮水器电路

铜环式自动复位装置刮水器电路如图3-67所示,自动复位开关在减速蜗轮上。其工作原理如下:

当电源开关接通时,把刮水器开关置于"Ⅰ"档时,电流从蓄电池的正极→电源开关→熔丝→电刷 B_3→电枢绕组→电刷 B_1→刮水器"Ⅰ"档→搭铁,刮水器电动机低速运转。

当刮水器开关置于"Ⅱ"档时,电流从蓄电池的正极→电源开关→熔丝→电刷 B_3→电枢绕组→电刷 B_2→刮水器"Ⅱ"档→搭铁,刮水器电动机高速运转。

当刮水开关置于"0"档时,如果刮水器的刮水片没有停在规定的位置,则电流经蓄电池正极→电源开关→熔丝→电刷 B_3→电枢绕组→电刷 B_1→刮水器"0"档→触点臂2→铜环2→搭铁,这时电动机将继续运转;当刮水器的刮水片到规定位置时,触点臂1、2都和铜环1接触,使电动机短路。与此同时,电动机电枢由于惯性而不能立刻停下来,电枢绕组通过触点臂1、2与铜环1接触而构成回路,电枢绕组产生感应电流,因而产生制动力矩,电动机迅速停止转动,使刮水器的刮水片停止在规定的位置。

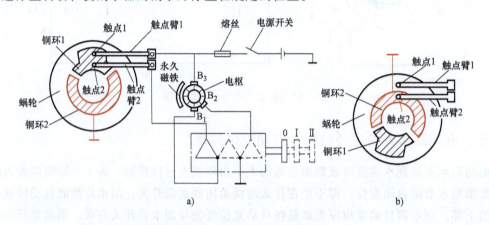

图3-67 铜环式自动复位装置刮水器电路
a) 刮水片停在规定位置 b) 刮水片没有停在规定位置

四、丰田卡罗拉轿车刮水器的使用方法及工作原理

丰田卡罗拉轿车刮水器操作方法如图3-68所示,丰田卡罗拉轿车刮水器工作原理如图3-69所示。

由电路图可知,刮水器电动机与清洗器电动机分别有不同的熔断器,前刮水器继电器集成于刮水器开关内,控制刮水器的间歇档与自动回位功能,其工作原理如下。

(1) 点动档(MIST) 当刮水器开关置于点动档时,开关内端子"+B"与"+1"导通,这时电流的路径为熔丝→开关端子"+B"→开关端子"+1"→电动机端子"5"→电动机→端子"4"→搭铁。松开手后,刮水器便停止工作。

(2) 间歇档(INT) 当刮水器置于间歇档时,刮水器开关内端子"INT1"与"INT2"

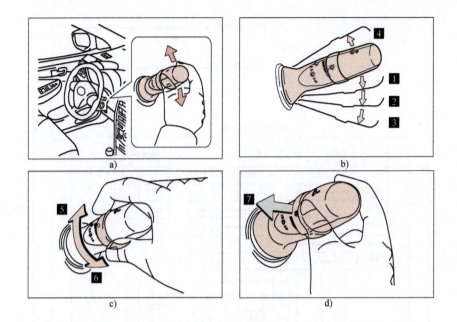

图 3-68　丰田卡罗拉轿车刮水器操作方法

1—刮水器间歇档（INT）　2—刮水器低速档（LO）　3—刮水器高速档（H1）
4—点动档（MIST）（档位不能锁止，松开手即回到关闭位置）　5—增大间歇档刮水频率
6—减小间歇档刮水频率　7—清洗档（洗涤器喷出清洗液，同时刮水器开始低速刮水）

导通并将这一信号传给刮水器继电器，继电器控制单元将使磁化线圈电路间歇导通，因此继电器触点闭合而将端子"M"与"A"间歇导通，这时电流的路径为熔丝→开关端子"+B"→继电器端子"M"→端子"A"→开关端子"+S"→开关端子"+1"→电动机端子"5"→电动机→端子"4"→搭铁。

（3）低速档（LO）　当开关置于低速档时，开关内端子"+B"与"+1"导通，这时电流的路径为熔丝→开关端子"+B"→开关端子"+1"→电动机端子"5"→电动机→端子"4"→搭铁。

（4）高速档（HI）　当开关置于高速档时，开关内端子"+B"与"+2"导通，这时电流的路径为熔丝→开关端子"+B"→开关端子"+2"→电动机端子"3"→电动机→端子"4"→搭铁。

（5）自动回位　当刮水器开关置于OFF档（刮水片没有回到指定位置，电动机回位开关端子"1"与"2"导通）时，继电器触点"F"与"A"导通，这时电流路径为熔丝→电动机端子"2"→端子"1"→刮水器开关端子"+S"→继电器端子"F"→端子"A"→开关端子"+S"→开关端子"+1"→电动机端子"5"→电动机→端子"4"→搭铁。

（6）清洗档　当刮水器开关置于清洗档时，刮水器开关端子"WF""EW"导通，清洗电动机带着水泵开始喷水；同时，刮水继电器端子"D"由高电位变成了低电位，以此信号，继电器触点闭合将端子"M"与"A"导通，这时电流的路径为熔丝→开关端子"+B"→继电器端子"M"→端子"A"→开关端子"+S"→开关端子"+1"→电动机端子"5"→电动机→端子"4"→搭铁。

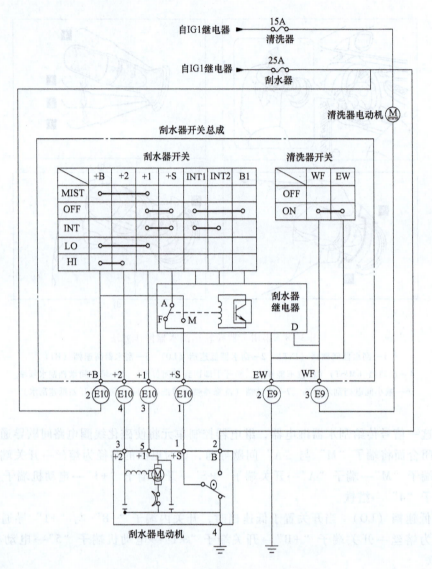

图 3-69 丰田卡罗拉轿车刮水器工作原理

五、德系大众汽车电动刮水器与清洗器工作电路

图 3-70 所示为德系大众汽车电动刮水器与清洗器工作电路，图 3-71 所示为德系大众汽车电动刮水器与清洗器控制原理。

1. 系统的组成

刮水器电动机是永磁式直流电动机，刮水器电动机（V）与电动机控制模块（J400）集成为一体，刮水器电动机及控制模块总成由车载网络控制单元（J519）控制。

清洗器由微型永磁直流电动机、离心式水泵、喷嘴、储液罐、洗涤液位传感器和水管组成，其中电动机与水泵一体，如图 3-72 所示，这个总成安装在储液罐内。

刮水器开关的档位如图 3-73 所示。

项目三　电控舒适娱乐系统检测与维修

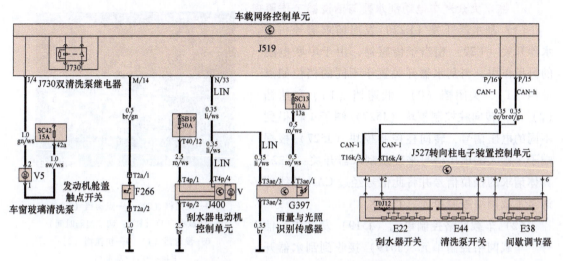

图 3-70　德系大众汽车电动刮水器与清洗器电路

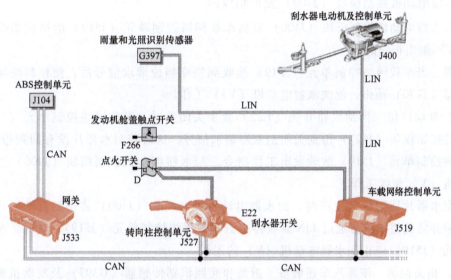

图 3-71　德系大众汽车电动刮水器与清洗器控制原理

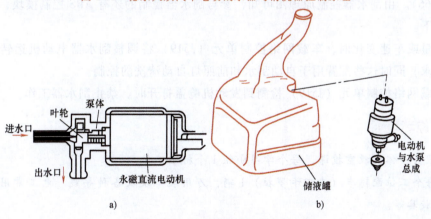

图 3-72　清洗器电动机与水泵

2. 德系大众汽车电动刮水器与清洗器工作原理

（1）刮水器开关（E22）发出请求信号 刮水器开关（E22）相当于传感器，由于串联电阻的分压作用，当刮水器开关置于不同的档位如点动档（T）、关闭档（0）、低速档（1）、高速档（2）时，转向柱控制模块（J527）端子1将得到不同的电压信号，转向柱控制模块（J527）根据端子1输入的电压信号来确认刮水器开关（E22）具体请求的档位信号并将此信号经过CAN总线传送至车载网络控制单元（J519）。

图3-73 刮水器开关E22的档位图
0—关闭档（0） 1—点动档（T）
2—间歇档（J）（E38：调节间隔时间）
3—慢速档（1） 4—快速档（2）
E44—清洗/刮水档

（2）车载网络控制单元（J519）发出指令信号 车载网络控制单元（J519）接收到刮水器开关（E22）具体的档位请求信号后，通过LIN总线向刮水器电动机控制模块（J400）发出相应的指令，刮水器电动机控制模块（J400）根据车载网络控制单元（J519）的档位指令控制电动机（V）做出相应的动作。

同理，当车载网络控制单元（J519）接收到洗涤档位请求信号后，便控制洗涤器电动机继电器（J730）动作，使洗涤器电动机（V5）工作。

（3）自动回位 当刮水器开关（E22）置于关闭档时，车载网络控制单元（J519）通过转向柱控制模块（J527）得到关闭刮水器请求信号，这时若刮水器片没有回到指定位置，车载网络控制单元（J519）继续发出工作指令，刮水器电动机控制模块（J400）控制刮水器电动机（V）继续工作。

当刮水器片回到指定位置时，刮水器电动机控制模块（J400）将得到自动回位开关的搭铁信号并将此搭铁信号通过LIN总线传送给车载网络控制单元（J519），此时，车载网络控制单元（J519）停止刮水器电动机（V）的工作。

（4）相关控制 该系汽车还装备了雨量和光照识别传感器（G397）及发动机舱盖触点开关（F266）。由刮水器控制原理图可知，参与刮水器控制的还有ABS控制模块，这些配置的作用如下。

当雨量或车速变化时，车载网络控制单元（J519）将调整刮水器电动机运转速度以适应行车要求，同时这些配置用于自动刮水和前照灯自动清洗的控制。

当车载网络控制单元（J519）检测到发动机舱盖打开时，禁止刮水器工作。

【任务实施环境】

1）理实一体化教室授课，每个学习小组1个标准工位。

2）每个工位配轿车（丰田卡罗拉）1辆，万用表1块及各种导线、电工常用的各种钳子、螺钉旋具等。

3）每组配有丰田卡罗拉轿车维修手册1套，配刮水器开关1个。

项目三 电控舒适娱乐系统检测与维修

【任务实施步骤】

1. 确认故障现象
1）打开点火开关到 IG 档，操作刮水器开关，确认刮水器不工作。
2）检查蓄电池电压及熔断器，确保正常。

2. 刮水器电动机的检测
丰田卡罗拉轿车刮水器电动机端子如图 3-74 所示。

1）将蓄电池正极（+）引线连接至刮水器电动机端子 5，将蓄电池负极（-）引线连接至刮水器电动机端子 4，电动机低速（LO）运行。断开端子 5 后，刮水器电动机停止在任意位置。

2）将蓄电池正极（+）引线连接至刮水器电动机端子 3，将蓄电池负极（-）引线连接至刮水器电动机端子 4，电动机高速（HI）运行。

若符合上述情况，说明刮水器电动机完好，应检查刮水器开关总成；否则，更换刮水器电动机。

3. 刮水器开关总成的检测
丰田卡罗拉轿车刮水器开关总成的端子如图 3-75 所示，检测标准见表 3-18。若检测结果与标准不符，则更换刮水器开关总成。

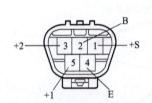

图 3-74 刮水器电动机端子图

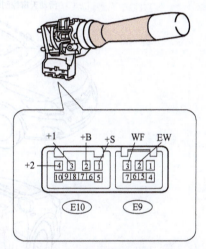

图 3-75 刮水器开关总成的端子

表 3-18 丰田卡罗拉轿车刮水器开关总成检测标准

前刮水器开关			
检测仪连接	开关状态	规定状态	实测结果
E10-1(+S)-E10-3(+1)	INT	小于1Ω	
	OFF		
E10-2(+B)-E10-3(+1)	MIST		
	LO		
E10-2(+B)-E10-4(+2)	HI		

清洗器开关			
检测仪连接	开关状态	规定状态	实测结果
E9-2(EW)-E9-3(WF)	ON	小于1Ω	
	OFF	10kΩ 或更大	

任务七 电动天窗系统检测与维修

任务导入

现在有丰田卡罗拉轿车电动天窗打不开,请针对故障现象进行故障分析、诊断与排除。

相关知识

一、丰田卡罗拉轿车天窗系统元件位置及操作说明

图3-76所示为丰田卡罗拉轿车天窗系统元件位置,图3-77所示为丰田卡罗拉轿车天窗系统结构,图3-78所示为丰田卡罗拉轿车天窗系统操作说明。其天窗系统可实现手动滑动打开和关闭、自动滑动打开和关闭、手动上倾和下倾、自动上倾和下倾、防夹以及钥匙关闭操作。天窗的功能见表3-19。

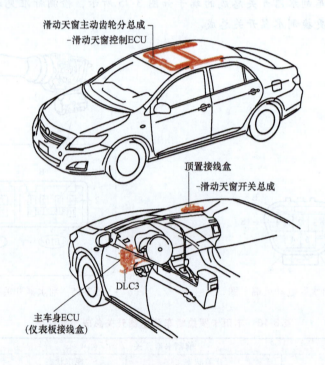

图3-76 丰田卡罗拉轿车天窗系统元件位置

二、丰田卡罗拉轿车天窗系统工作原理

丰田卡罗拉轿车天窗系统电路如图3-79所示。根据驾驶人的意愿,天窗开关总成将信号(滑动、上倾或下倾)传送给天窗控制单元ECU,然后由天窗控制单元ECU控制天窗电动机转动带动天窗工作。

项目三 电控舒适娱乐系统检测与维修

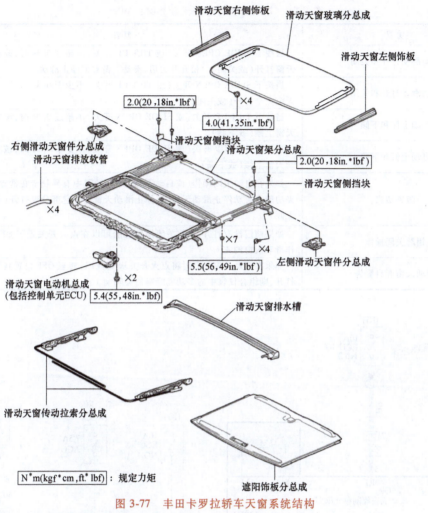

图 3-77 丰田卡罗拉轿车天窗系统结构

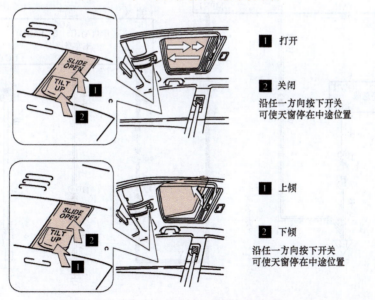

1 打开

2 关闭

沿任一方向按下开关可使天窗停在中途位置

1 上倾

2 下倾

沿任一方向按下开关可使天窗停在中途位置

图 3-78 丰田卡罗拉轿车天窗系统操作说明

表 3-19　丰田卡罗拉轿车天窗系统的功能

功能	概要
手动滑动打开和关闭	当按下 SLIDE OPEN 开关(或 TILT UP 开关)不超过 0.3s 时,该功能使滑动天窗打开(或关闭)。松开开关后,滑动天窗立刻停止滑动
自动滑动打开和关闭	当按下 SLIDE OPEN 开关(或 TILT UP 开关)不少于 0.3s 时,该功能使滑动天窗完全打开(或关闭)
手动上倾和下倾	当按下 TILT UP 开关(或 SLIDE OPEN 开关)不超过 0.3s 时,该功能使滑动天窗上倾(或下倾)
自动上倾和下倾	当按下 TILT UP 开关(或 SLIDE OPEN 开关)不少于 0.3s 时,该功能能使滑动天窗上倾(或下倾)
防夹功能	如果在自动关闭操作(或自动下倾操作)过程中有异物卡在滑动天窗中,防夹功能会自动停止滑动天窗,或停止滑动天窗并使它部分地打开(或使它完全上倾)
钥匙关闭操作	如果前门没有打开,钥匙关闭操作功能可以在点火开关置于 OFF 位置后操作滑动天窗约 43s
滑动天窗开启警告	如果在滑动天窗打开时将点火开关从 ON(IG)转至 OFF 位置且驾驶人车门打开,则组合仪表中的多功能蜂鸣器会鸣响 1 次

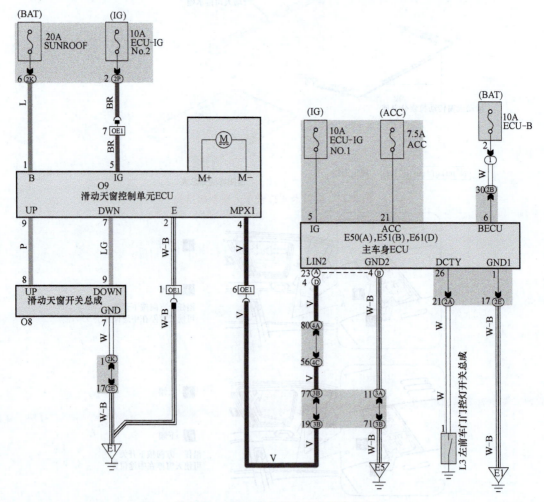

图 3-79　丰田卡罗拉轿车天窗系统电路

项目三 电控舒适娱乐系统检测与维修

【任务实施环境】

1) 理实一体化教室授课,每个学习小组1个标准工位。
2) 每个工位配轿车(丰田卡罗拉)1辆,万用表1块及各种导线、电工常用的各种钳子、螺钉旋具等。
3) 每组配有丰田卡罗拉轿车维修手册1套,配有天窗主开关1个。

【任务实施步骤】

1. 确认故障现象

接到车辆后,先进行故障现象确认。
1) 操作天窗开关,确认天窗不能打开(不能滑动也不能倾斜)。
2) 检查蓄电池电压及熔断器,确保正常。

2. 读取故障码

若有故障码,应按故障码提示进行下一步操作。电动天窗系统故障码见表3-20。

3. 用解码器进行主动测试

1) 将解码器连接到DLC3。
2) 将点火开关置于IG档。
3) 根据解码器进行操作,主动测试的标准见表3-21。

若天窗能正常工作,说明滑动天窗控制单元ECU(包括天窗电动机)正常,应进一步检查滑动天窗开关总成或其电路。否则,进一步检查滑动天窗控制单元ECU。

表3-20 电动天窗系统故障码

DTC 代码	检测项目	故障部位
B1273	滑动天窗控制单元ECU通信终止	1. 滑动天窗控制单元ECU(包括天窗电动机) 2. 主车身ECU 3. 线束
B2341	传感器(天窗电机)故障	1. 滑动天窗控制单元ECU(包括天窗电动机) 2. 滑动天窗开关总成 3. 线束
B2342	开关故障	1. 滑动天窗控制单元ECU(包括天窗电动机) 2. 滑动天窗开关总成 3. 线束
B2343	位置初始化未完成	1. 滑动天窗控制单元ECU(包括天窗电动机) 2. 滑动天窗开关总成 3. 线束
B2344	位置故障	1. 滑动天窗控制单元ECU(包括天窗电动机) 2. 滑动天窗开关总成 3. 线束

表3-21 丰田卡罗拉轿车电动天窗系统主动测试的标准

检测仪显示	测试部位	控制范围
Slide Roof	操作滑动天窗 CLS/UP	CLS/UP:滑动天窗发生CLOSE或UP操作 OFF:滑动天窗不工作
Slide Roof	操作滑动天窗 OPN/DWN	OPN/DWN:滑动天窗发生OPEN或DOWN操作 OFF:滑动天窗不工作

4. 滑动天窗开关总成检测

滑动天窗开关总成端子如图 3-80 所示，检测方法及标准见表 3-22。若检测结果与标准不符，则更换滑动天窗开关总成。

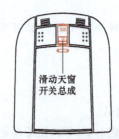

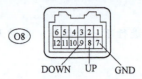

图 3-80　滑动天窗开关总成端子

表 3-22　滑动天窗开关总成端子检测方法及标准

检测仪连接	开关状态	规定状态
O8-8（UP）-O8-7（GND）	按下 TILT UP 开关	小于 1Ω
O8-8（UP）-O8-7（GND）	未按下 TILT UP 开关	不小于 10kΩ
O8-9（DOWN）-O8-7（GND）	按下 SLIDE OPEN 开关	小于 1Ω
O8-9（DOWN）-O8-7（GND）	未按下 SLIDE OPEN 开关	不小于 10kΩ

5. 滑动天窗控制单元（ECU）

滑动天窗控制单元（ECU）端子如图 3-81 所示。断开滑动天窗控制单元（ECU）线束插接器，对线束端进行检测，检测方法及标准见表 3-23；若线束端正常，重新连接滑动天窗控制单元（ECU）线束插接器，按照表 3-24 方法再次检测滑动天窗控制单元（ECU）端子。若检测结果与标准不符，则更换滑动天窗控制单元（ECU）。

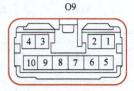

图 3-81　滑动天窗控制单元（ECU）端子

表 3-23　滑动天窗控制单元（ECU）线束端检测方法及标准

符号（端子号）	配线颜色	端子描述	条件	规定状态
O9-1（B）-O9-2（E）	L-W-B	+B 电源	始终	11~14V
O9-5（IG）-O9-2（E）	BR-W-B	电源	点火开关置于 OFF 位置	低于 1V
O9-5（IG）-O9-2（E）	BR-W-B	电源	点火开关置于 ON（IG）位置	11~14V
O9-7（DOWN）-O9-2（E）	LG-W-B	滑动天窗电动机打开	SLIDE OPEN 开关置于 OFF 位置	10kΩ 或更大
O9-7（DOWN）-O9-2（E）	LG-W-B	滑动天窗电动机打开	SLIDE OPEN 开关置于 ON 位置	小于 1Ω
O9-9（UP）-O9-2（E）	P-W-B	滑动天窗电动机关闭	TILT UP 开关置于 OFF 位置	10kΩ 或更大
O9-9（UP）-O9-2（E）	P-W-B	滑动天窗电动机关闭	TILT UP 开关置于 ON 位置	小于 1Ω
O9-2（E）-车身搭铁	W-B-车身搭铁	搭铁	始终	小于 1Ω

项目三　电控舒适娱乐系统检测与维修

表 3-24　滑动天窗控制单元（ECU）电压检测方法及标准

符号(端子号)	配线颜色	端子描述	条件	规定状态
O9-7(DOWN)-O9-2(E)	LG-W-B	滑动天窗电动机打开	点火开关置于 ON(IG) 位置，滑动天窗关闭，SLIDE OPEN 开关置于 OFF 位置	11~14V
O9-7(DOWN)-O9-2(E)	LG-W-B	滑动天窗电动机打开	点火开关置于 ON(IG) 位置，滑动天窗关闭，SLIDE OPEN 开关置于 ON 位置	低于 1V
O9-9(UP)-O9-2(E)	P-W-B	滑动天窗电动机关闭	点火开关置于 ON(IG) 位置，滑动天窗打开，TILT UP 开关置于 OFF 位置	11~14V
O9-9(UP)-O9-2(E)	P-W-B	滑动天窗电动机关闭	点火开关置于 ON(IG) 位置，滑动天窗打开，TILT UP 开关置于 ON 位置	低于 1V

6. 滑动天窗开关总成与滑动天窗控制单元（ECU）线束检测

滑动天窗开关总成与滑动天窗控制单元（ECU）线束连接关系如图 3-82 所示，其端子如图 3-83 所示，线束检测方法及标准见表 3-25。

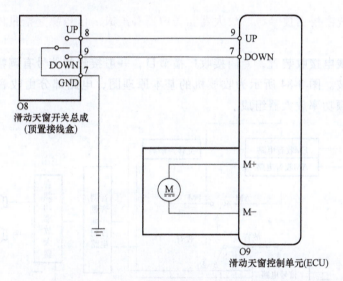

图 3-82　滑动天窗开关总成与滑动天窗控制单元（ECU）线束连接关系

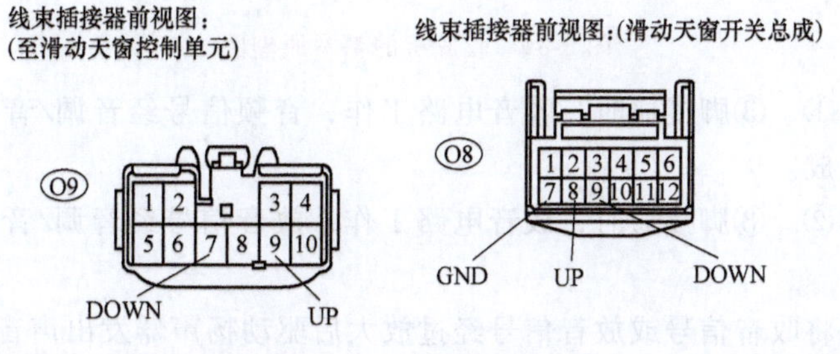

图 3-83　滑动天窗开关总成与滑动天窗控制单元（ECU）端子

表 3-25 滑动天窗开关总成与滑动天窗控制单元 ECU 线束检测方法及标准

检测仪连接	条件	规定状态
O9-7(DOWN)-O8-9(DOWN)	始终	小于1Ω
O9-9(UP)-O8-8(UP)	始终	小于1Ω
O8-7(GND)-车身搭铁	始终	小于1Ω
O8-9(DOWN)-车身搭铁	始终	10kΩ 或更大
O8-8(UP)-车身搭铁	始终	10kΩ 或更大

任务八 汽车音响系统检测与维修

任务导入

现在丰田卡罗拉轿车，当打开收音机开关时，收音机没有响声，请对音响系统进行故障检测与维修。

相关知识

汽车音响系统主要由信号源、放大器和扬声器等组成。信号源是指收放机和激光唱机。

1. 收音机

收音机是无线电接收装置，专门接收广播节目，一般接收的信号有调幅和调频两种，调幅分为中波和短波。图 3-84 所示为收放机的基本原理图，电路部分由收音/放音、音量/音调平衡电路及音频功率放大器组成。

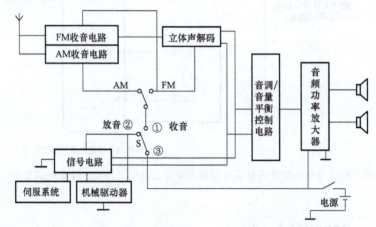

图 3-84 收放机的基本原理图

当开关 S 中的①、③脚接通时，收音电路工作，音频信号经音调/音量平衡控制电路及音频功率放大器组成。

当开关 S 中的②、③脚接通时，放音电路工作，放音信号经音调/音量平衡控制电路及音频功率放大器。

功率放大电路将收音信号或放音信号经过放大后驱动扬声器发出声音。

收放机的安装电路如图 3-85 所示。接线时，应注意带熔管式熔断器的红色线为电源线，

项目三 电控舒适娱乐系统检测与维修

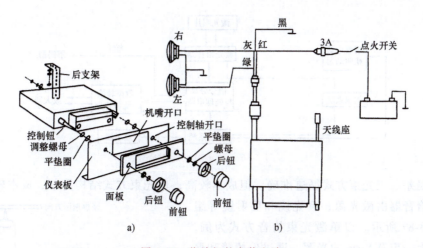

图 3-85 收放机的安装电路
a) 安装图 b) 接线图

接点火开关 ACC 脚,黑色线为搭铁线。

目前汽车使用的数字式收音机是较高级的无线电接收装置,采用电子式调谐器。电子式调谐器的半导体调谐电路利用半导体二极管的可变电容性,使其不受振动、冲击的影响,而且精度高。电子调谐器可以实现手动选台和自动搜索选台。当进行手动选台时,驾驶人通过控制器使分频系数发生变化,并输入到相位比较器,相位比较器再向天线调谐,这样便能根据不同的分频系数得到不同的调谐频率,从而达到选台的目的。当控制功能设定为自动选台时,控制器会自动地按分频系数的某一方向(由大到小或由小到大)来改变。当搜索到某一电台时,会自动将该分频值记忆下来,并存入相应的电台预置位置,直至搜索完全部调谐频率。此外,采用电子调谐器还可以实现各种特殊的功能,如按频率大小或信号强度顺序记忆电台、自动跟踪某个电台、设置定时收听广播等。数字式收音机内部由数字集成电路组成,内部电路发出选台、存储、控制及显示信号,内部一次可存储 12~44 个电台,并可实现遥控。

2. 激光唱机

激光唱机又称为 CD(Compact Disc)。激光唱机具有优异的电声指标,其信噪比和动态范围远远优于传统的电唱机。激光唱机具有自动选曲、程序重放和遥控操作等功能,且不易磨损、曲目丰富,已成为汽车音响的重要组成部分。

激光唱机一般具有自动存取唱片、选择放唱、编辑加工和长期记忆等功能。多片激光唱机在 CD 唱片仓盒中可同时安放多张唱片,又称为换片式 CD 唱机。多片激光唱机分为抽屉式和转盘式两种。抽屉式激光唱机是将多张唱片平行装入一个换片盒内(最多可达 12 片),放唱时可连续放音,换片时间为 5~6s;转盘式激光唱机采用开盖方式,转盘上放置 3~5 张激光唱片,开机后可无限循环进行放唱,中途不用打开或中断放唱换片。

(1)激光唱机的组成 激光唱机主要由激光拾音器、伺服传动机构、数模转换系统、控制及显示电路等组成,如图 3-86 所示。

1)激光拾音器。激光拾音器又称为光学头,是激光唱机的信号传感器,按照工作方式的不同分为单光束和三光束两种。三光束激光拾音器用主光束读取信号,两侧的副光束可测量循迹偏离误差,以保证主光束的准确工作。单光束拾音器用单一光束兼顾读取信号和测量

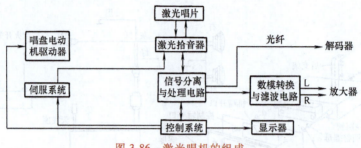

图 3-86 激光唱机的组成

循迹偏离误差。三光束方式循迹准确,但成本较高;单光束方式结构简单,成本较低。

激光拾音器由激光源、聚光镜和反射镜等组成,如图 3-87 所示。以单激光束拾音方式为例,激光源产生一束 $0.8\mu m$ 的光源,通过偏棱镜和聚光镜射在 CD 唱片的信号凹点上。激光唱片的结构和原理如图 3-88 所示,一个激光唱片上最多可录 25 亿个凹点,信号凹点的长度及彼此间隔随音乐信号的变化而不同。在凹点处,由于反射光干涉,返回聚光镜的光量少,在没有凹点处,唱

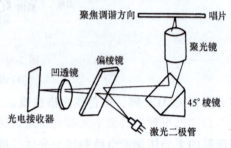

图 3-87 激光拾音器的组成

片表面光滑如镜,反射光全部返回聚光镜。光电接收器根据聚光镜返回光量的多少判断出凹点的有无,并以数字 0 或 1 输出电平信号。在扫描过程中,激光拾音器随唱片的转动由内向外拾取信号。

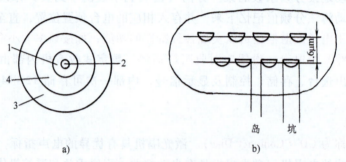

图 3-88 激光唱片的结构和原理
a) 结构 b) 原理
1—开始区 2—中心孔 3—终止区 4—节目区

2) 信号分离与处理电路。激光拾音器输出的电信号送入信号分离与处理电路,该电路中的数据分离器能正确识别左、右声道信号及各种信号代码,分离后的信号送至信号处理器。信号处理器将含有音频信号的数字信号进行解码,使其变成标准的脉冲编码,送至数/模转换电路;同时,信号处理器还将同步信号、纠错信号及电动机测速信号检出,将有关的控制信号送至控制系统。激光唱机中的信号分离与处理均采用大规模集成电路实现。

3) 伺服系统。伺服系统采用聚焦伺服电路和循迹伺服电路处理 CD 唱片转动中的误差及唱片误差。聚集伺服可保证 CD 唱片的信息区正好位于聚光镜的聚焦平面上,循迹伺服用来克服唱片加工精度不好所引起的误差。自动稳速伺服电路通过测速传感器给出的校正误差信号来控制电动机,使之转动稳定。

4）数模转换电路。数模转换电路又称为 D-A 转换器，在激光唱机中也称为 DAC，用于将激光拾音器送来的数字信号转换成音频模拟信号。数模转换电路输出的信号经滤波后可直接送往放大器。

5）控制系统和显示器。控制系统对激光拾音器等传送的数字信号进行分析，获得各种控制依据，并对电动机、伺服系统和显示器实施控制。例如：通过唱盘电动机驱动器得到恒线速误差信号控制唱盘电动机恒速运动，使 CD 唱片从最内圈的 500r/min 逐渐变为最外圈的 200r/min。在激光唱机中，控制系统通常由一个大规模集成电路组成。

显示器用来显示各种控制信息，如正在放唱的曲目号、放唱方式和放唱时间等。显示系统由单片微处理器和 LED 显示屏组成，激光唱机的显示屏一般做得较大，以适应多种信息显示的需要。

（2）激光唱机的分类　汽车 CD 唱机一般分为以下几种。

1）单片型汽车 CD 唱机。单片型汽车 CD 唱机主要与具有 CD 输入接口的汽车收放机相配合。其特点是不改变原来汽车音响的形式，并可通过原来汽车音响的遥控电源线与 CD 唱机电源线接通，开启主机电源，CD 唱机的电源同时接通。

2）通联型多碟汽车 CD 唱机。通联型多碟汽车 CD 唱机分为两大部分：主机及多片 CD 唱机。通联型多碟汽车 CD 唱机具有 AM/FM/TAPE 及 CD 控制功能，主机与多片 CD 唱机之间通过数据控制线和音频信号线相互通联。其特点是集 CD 放音、FM/AM 收音于一体，同时具备了磁带放音的功能，操作显示一目了然。CD 唱机一般是 6~12 片连放，可放置在汽车上的任意部位。

3）射频输出（RF）型汽车多片唱机。RF 型 CD 唱机通过 FM 射频信号将音频信号送到收放机上，故其可放置在汽车的任意位置，而且不改变原有仪表板的布局，不受音频信号线的限制；但由于通过收放机接收 FM 射频信号，故音响效果受收放机 FM 的影响较大。收放机 AM/FM 接收系统应是 DTS（数字调谐）型的，若是机械指针式调谐，则无法保证频率的精确度，从而增加了频率偏移而产生的失真。

RF 型 CD 机 FM 波段频率一般设置有 88.3MHz 和 88.7MHz 两档。在 RF 型 CD 机的转换盒中，采用晶振作为主振源，故频率稳定性极佳，而频率信号的幅度可用 SEL 键改变低、中、高档，以适应原来汽车收放机 FM 接收灵敏度较低者。

以上 3 种汽车 CD 唱机的各项性能综合比较见表 3-26，通联型的 CD 唱机最理想，能完美地再现 CD 风貌。

表 3-26　3 种汽车 CD 唱机的各项性能综合比较

参数名称	单位	CD 唱机		
		通联型	单片机	RF 型
抖晃	%	低于可测量极限	同左	同左
信噪比	dB	>95	>90	约 65
频响	dB	±1（5~20000Hz）	±1（10~20000Hz）	±3（30~15000Hz）
动态	dB	>95	95	70
左、右声道分离度	dB	85~105	85	70
谐波失真		0.5%	0.5%	10%
CD 片数		6~12	1	6~12
输出方式		音频/数据（控制）	内部连线	音频调制

(续)

参数名称	单 位	CD 唱 机		
		通联型	单片机	RF 型
防振功能		好	中	好
使用车型		原收音机拆除	原收音机拆除	任何车型
安装		复杂	较方便	方便
音响效果		高性能数字化大功率	高性能数字化大功率	好
成本		高	低	低

(3) 激光唱机的安装　图 3-89 所示为索尼激光唱机的安装图。主机 XR-7040 安装在仪表台上，取代原来的收放机；CDX-70CD 换盘器有 10 张光盘可自动换片，一般安装在汽车行李舱内，也可安装在汽车其他空余地方。

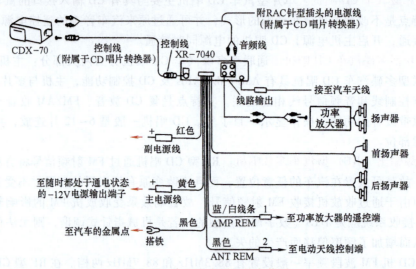

图 3-89　索尼激光唱机的安装图

3. 放大器

放大器将各种节目信号进行电压放大和功率放大，然后推动扬声器发出声音。放大器的组成框图如图 3-90 所示。

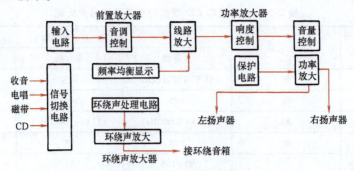

图 3-90　放大器的组成框图

(1) 前置放大器　前置放大器又称为前级放大器，它连接信号源及控制信号的开关，并对各种节目进行必要的处理和电压放大。前置放大器与信号源之间不是简单的连接，其内部要设置各种均衡电路，用于实现前、后级的阻抗匹配和频率补偿。前置放大器主要包括输入电路、音调控制和电路放大。

输入电路对收音机、激光唱机和磁带送来的信号进行均衡和控制，包括阻抗和频率的均衡。音调控制对节目信号的各段频率成分进行提升或衰减，以便满足欣赏音乐时的不同需要。由信号源传送来的信号需要放大到一定的电压值才能推动功率放大器，线路放大器通常把弱信号放大到0.2~1V，以便和功率放大器配接。

(2) 功率放大器　功率放大器主要对前置放大器送来的电信号进行不失真的电流放大，形成强有力的功率信号去推动扬声器发声。功率放大器主要包括以下几部分：

1) 等响度控制电路。由于人耳收听低声压级信号时，具有在低频和高频呈衰减的特性，所以在小音量的情况下欣赏音乐时有信号失真的感觉。等响度控制电路的作用是对小信号中低频和高频部分进行补偿，以弥补人耳的不足；在大信号重放时，等响度控制电路不起作用。

2) 音量控制电路。音量控制电路用以调节播放音量的大小。调节方法有手动电位器、电子音量控制和伺服电动机带动音量旋钮控制音量。

3) 功率放大电路。其作用是把前置放大器送来的信号进行电流和电压放大，以推动扬声器发出声音。

4) 保护电路。由于功率放大器工作在大电流和高电压状态，播放中可能会出现过电流、过电压和过热等情况，此保护电路可自动进行断电，以保护放大电路和扬声器不受损坏。

(3) 环绕声放大器　环绕声能使听众更具有临场感，使人在欣赏音乐时有被声音围绕的感觉。环绕声放大器主要包括以下两部分：

1) 环绕声处理电路。环绕声处理电路利用信号延迟方法产生环绕声效果。前方音箱重放正面声源，环绕声处理电路输出经过延迟的环绕信号，以产生一种音乐厅堂的混响效果。

2) 环绕声放大器带动环绕声箱。由于环绕声放大器用于模拟反射声，故其频响一般不需要很宽，功率也不需要过大。

4. 扬声器系统

扬声器系统主要是指主扬声器和环绕扬声器等，是汽车音响系统的终端。主扬声器通常由低音扬声器、中音扬声器、高音扬声器和分频网络组成。一般环绕声只重放7kHz以下的反射声，故只需一个低音扬声器即可。

【任务实施环境】

1) 理实一体化教室授课，每个学习小组1个标准工位。

2) 每个工位配轿车（丰田卡罗拉）1辆，万用表1块及各种导线、电工常用的各种钳子、螺钉旋具等。

3) 每组配有丰田卡罗拉轿车维修手册1套。

【任务实施步骤】

1) 首先确认故障现象，打开收音机开关，确认收音机不工作。

2) 检查并确认车厢内是否产生冷凝现象。如果车厢内潮湿且温度变化迅速，会出现该故障。这可能会引起冷凝，从而导致收音机电路板短路。若无冷凝现象，则进行下一步，否则，应将收音机拆下，进行干燥处理。

3) **检测收音机电源电路。** 丰田卡罗拉轿车收音机电源电路如图 3-91 所示，收音机线束端子如图 3-92 所示。线束端子的测试标准及结果见表 3-27。若结果符合标准，则更换收音机。

表 3-27　丰田卡罗拉轿车线束端子的测试标准及结果

检测仪连接	条件	规定状态	实测结果
E102-7（E）-车身搭铁	始终	小于 1Ω	
E102-4（B）-E102-7（E）	始终	11~14V	
E102-3（ACC）-E102-7（E）	点火开关置于 ON（IG）位置	11~14V	

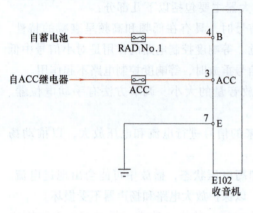

图 3-91　丰田卡罗拉轿车收音机电源电路

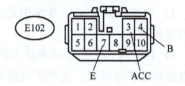

图 3-92　丰田卡罗拉轿车收音机线束端子

项目小结

在中控门锁、电动车窗、电动座椅和电动后视镜等系统中广泛应用永磁式电动机作为执行元件，通过开关或继电器控制电动机的工作电流方向，实现电动机两个方向的旋转，完成驾驶人的控制目标。

电控除霜系统一般采用电加热的方法除霜，所需电功率较大，短时间内即可将风窗玻璃上的冰霜除去。因此，在除霜电路中一般要设有定时开关，当达到规定时间时，除霜电路自动断开，以防止驾驶人忘记关闭除霜开关。

无钥匙便捷上车及起动系统应用在高档汽车上，其原理是车辆通过天线发出无线信号，从而查询车辆识别钥匙，当车辆识别钥匙接收到信号并对其进行解码后，向车辆发送编码信息，车辆接收器确认这些信号合法后，电控单元自动解除防盗系统，车门自动解锁。

复习思考题

3-1　分析中控门锁控制系统的工作过程。

3-2　分析电动车窗的工作过程。

3-3　分析电动天窗的工作过程。

3-4　分析电动后视镜的工作过程。

3-5　分析电动座椅的工作过程。

3-6　分析电控除霜系统的工作过程。

3-7　分析刮水器的工作过程。

项目四　电控安全系统检测与维修

项目导读

知识目标：
掌握电控安全系统的基本组成与工作原理。

技能目标：
1) 能正确识读电控安全系统电路图。
2) 能正确诊断电控安全系统故障原因并排除故障。

任务一　安全气囊系统检测与维修

任务导入

安全气囊系统（SRS）主要由传感器、气囊组件、安全气囊ECU（控制单元）、安全气囊线束及安全气囊指示灯等组成。SRS指示灯位于仪表板上，用来监测安全气囊系统是否正常。当接通点火开关时，安全气囊ECU对系统进行自检，若指示灯闪烁约6s后熄灭，表示安全气囊系统正常；否则，安全气囊系统有故障。

现有丰田卡罗拉轿车在打开点火开关时，SRS指示灯一直亮，请对安全气囊系统进行故障诊断，以确定故障部位，进而排除故障。

相关知识

安全气囊是辅助安全系统（Supplemental Restraint System，SRS），属于被动安全保护装置，对驾驶人的头部和颈部安全起着明显的保护作用，特别是汽车正面碰撞和侧前方碰撞时，其保护作用十分明显。安全统计结果表明，当汽车发生正面碰撞时，由于巨大的惯性力对驾驶人所造成的伤害中胸部以上受伤的概率达75%以上，所以安全气囊主要是针对驾驶人的头部和颈部安全而设计的。近几年来，随着汽车技术的发展与普及，人们对汽车安全性能要求越来越高，现代汽车大部分都配置了安全气囊系统。而且，有一些国家已经在交通法规中明确规定轿车必须配置安全气囊装置。随着世界汽车市场竞争的日益激烈、安全气囊制造成本的进一步降低，安全气囊已作为标准配置装配到所有家用经济型轿车上。

一、安全气囊的类型

根据碰撞类型的不同，安全气囊可分为正面防护安全气囊、侧面防护安全气囊和顶部碰撞防护安全气囊，如图4-1所示。正面碰撞安全气囊系统是目前应用最广泛的一种，而侧面碰撞安全气囊和顶部碰撞安全气囊现已逐渐普及。

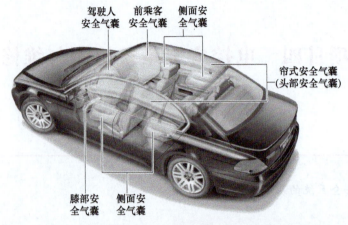

图 4-1 多气囊系统的布置

二、汽车对安全气囊的要求

安全气囊是在汽车发生碰撞时才工作的安全装置，所以它的可靠性就显得尤为重要。也就是说，汽车在发生碰撞时，应根据不同车速确定安全气囊可靠地工作。但是，汽车在紧急制动或在高低不平的路面上行驶时，会产生较大的减速度和激烈的振动，这时却要保证安全气囊不工作。此外，由于现代汽车安全气囊大多是电子控制式安全气囊，这样就要求安全气囊系统在汽车发生碰撞、电源出现故障的短时间（20s）内应能够正常工作。因此，一般情况下，安全气囊系统采用双电源，在电源断电的情况下，安全气囊控制系统电路中的备用电源可引爆安全气囊。在技术上，对安全气囊的要求主要有以下几个方面。

1. 可靠性高

在汽车未发生碰撞事故的情况下，安全气囊的使用年限为 7~15 年。若在碰撞事故中安全气囊开启，则安全气囊系统要全套更换。

2. 安全可靠

安全气囊系统要能够正确区分制动减速度和碰撞减速度的区别。

3. 灵敏度高

当汽车发生碰撞时，安全气囊系统要在二次碰撞（指驾驶人或前排乘员与转向盘、仪表板或风窗玻璃碰撞）前，正确、快速打开气囊并能正确泄气，从而起到缓冲作用。

4. 有防误爆功能

安全气囊系统一般采用二级门限控制，减速度的控制门限要合理。若过低，轻微碰撞时安全气囊就会引爆；若过高，汽车发生碰撞时安全气囊打不开或者打开过晚。

5. 有自动诊断功能

安全气囊系统能及时发现故障，并以警告灯亮的形式报告驾驶人。

三、安全气囊的结构及工作原理

安全气囊系统主要由传感器、气囊组件及安全气囊 ECU 等组成。图 4-2 所示为德国大众汽车安全气囊系统部件的位置。当汽车发生碰撞时，传感器将电信号传送给安全气囊 ECU，安全气囊 ECU 将信号进行处理，当确定需要打开安全气囊时，安全气囊 ECU 立即发出点火信号，气体发生器在30ms内将大量气体充满气囊，从而实现对驾驶人和前排乘员的安全保护。电控安全气囊系统的工作原理如图4-3所示。

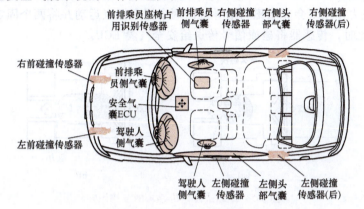

图4-2 德国大众汽车安全气囊系统部件的位置

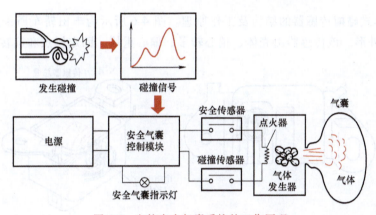

图4-3 电控安全气囊系统的工作原理

1. 传感器

在汽车安全气囊系统中，传感器分为两种：碰撞传感器和中央碰撞传感器。安装于汽车前部（前保险杠后及前翼子板下）的碰撞传感器，称为前碰撞传感器；安装于安全气囊ECU内部的碰撞传感器，称为中央碰撞传感器，也可称为安全传感器。

1）滚球式碰撞传感器的结构及工作原理。图4-4所示为奥迪轿车使用的滚球式碰撞传感器的结构。传感器主要由铁质滚球、永久磁铁、导缸、固定触点和壳体组成。两个触点分别与传感器引线端子连接，滚球用来检测减速度大小，在导缸内可移动或滚动。壳体上印制有箭头标记，方向与传感器的结构有关，有的规定指向汽车的前方，有的规定指向汽车的后方。因此，安装传感器时，箭头方向必须符合该车型使用说明书的规定。

滚球式碰撞传感器的工作原理如图4-5所示。当传感器处于静止状态时，在永久磁铁磁吸力的作用下，导缸

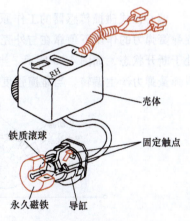

图4-4 奥迪轿车使用的滚球式碰撞传感器的结构

内的滚球被吸向永久磁铁,两个触点与滚球分离,传感器电路处于断开状态,如图4-5a所示。当汽车发生碰撞且减速度达到设定值时,滚球所产生的惯性力将大于永久磁铁的磁吸力。滚球在惯性力作用下会克服磁力沿导缸向两个固定触点运动并将两个固定触点接通,如图4-5b所示。此时,传感器将碰撞信号传送给安全气囊ECU。

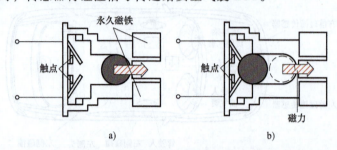

图4-5 滚球式碰撞传感器的工作原理
a) 静止状态 b) 工作状态

2) 偏心锤式碰撞传感器的结构及工作原理。图4-6所示为丰田轿车所采用的偏心锤式碰撞传感器的外形。该传感器由壳体、偏心转子、偏心重块、固定触点和旋转触点等组成。

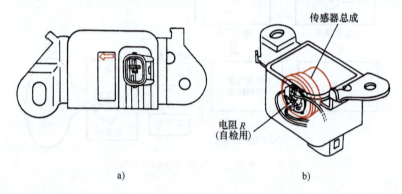

图4-6 丰田轿车所采用的偏心锤式碰撞传感器的外形
a) 外形 b) 结构

偏心锤式碰撞传感器的工作原理如图4-7所示。在正常情况下,偏心转子和偏心重块在螺旋弹簧弹力的作用下顶靠在与外壳相连的止动块上,此时,旋转触点与固定触点不接触,开关处于断开状态,如图4-7a所示。当汽车发生碰撞时,偏心重块由于惯性力将带动偏心转子克服弹簧弹力产生偏转。当碰撞强度达到设定值时,偏心转子旋转触点与固定触点接触而闭合。

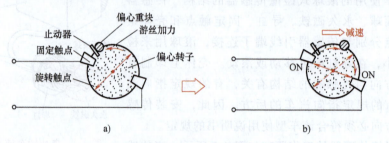

图4-7 偏心锤式碰撞传感器的工作原理
a) 静止状态 b) 工作状态

3) 电子式碰撞传感器的结构及工作原理。图 4-8 所示为电子式碰撞传感器的结构与原理。当汽车发生碰撞时，半导体应变片在悬臂梁惯性力作用下发生弯曲应变，受压后的半导体应变片的电阻阻值产生变化，电阻的变化引起传感器输出电压 U_S 变化。汽车的速度越大，碰撞后产生的减速度越大，传感器输出的电压越大。由于半导体压力传感器输出特性受温度影响，因此，常采用晶体管的基极-发射极间的电压变化来对温度进行修正。

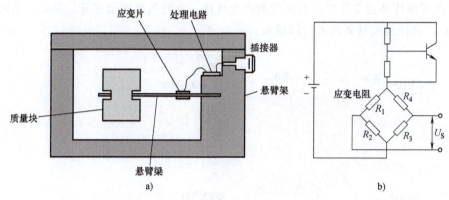

图 4-8 电子式碰撞传感器的结构与工作原理
a) 结构 b) 工作原理

电子式传感器对汽车正向加速度进行连续测量，并将测量结果输送给安全气囊 ECU，安全气囊 ECU 根据碰撞信号分析碰撞强度。

4) 水银式传感器。

水银式传感器的结构如图 4-9 所示。当汽车发生碰撞时，足够大的减速度惯性力将水银抛起，接通点火器的电路。设计时，根据低速和高速碰撞的临界速度计算两种减速度，然后计算出两个水银式传感器的安装角 α（水银运动方向与水平线夹角），即 $\cos\alpha = g/a$。其中，a 为碰撞减速度；g 为重力加速度。

2. 气囊组件

气囊组件主要由气体发生器、点火器、气囊、饰盖和底板等组成。

（1）气体发生器　气体发生器又称为充气泵或充气器，其作用是在有效的时间内产生气体，使气囊张开。气体发生器的结构如图 4-10 所示。

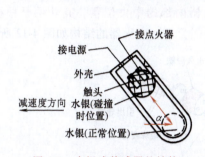

图 4-9 水银式传感器的结构

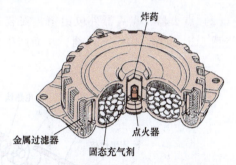

图 4-10 单级点火气体发生器的结构

气体发生器是利用热效应产生氮气来充入气囊的。在点火器引爆炸药的瞬间会产生大量的热量，固态充气剂（叠氮化钠药片）受热立即分解，从而产生氮气并从充气孔充入气囊。

虽然氮气是无毒气体，但是叠氮化钠的副产品有少量的氢氧化钠和碳酸氢钠（白色粉末）。这些物质是有害的，因此，在清洁膨胀后的气囊时，应保持良好的通风并采取防护措施。

为减小车辆高速行驶正面碰撞后安全气囊张开时对前排驾乘人员产生的冲击，正面安全气囊可采用两级引爆的方式，如图4-11所示。在气体发生器中有两个点火器，两个点火器分两次引爆炸药（即两级引爆），1号点火器引爆炸药使1号舱固态充气剂产生气体，2号点火器再次引爆炸药使2号舱固态充气剂产生气体，此时气囊完全张开。两次点火时间间隔为5~50ms，碰撞强度越高间隔时间越短。

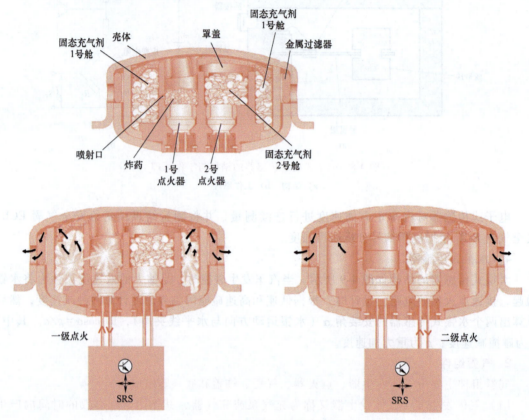

图4-11　两级点火气体发生器的结构

（2）点火器　点火器外包铝箔，安装在气体发生器内部的中央位置。其功用是根据安全气囊ECU的指令引爆点火剂，从而产生热量使充气剂分解。点火器的结构如图4-12所示，

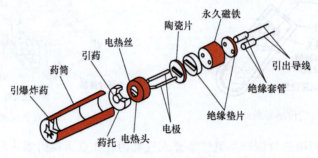

图4-12　点火器的结构

主要由引爆炸药、药筒、引药、电热丝、电极和引出导线等组成。

点火器的所有部件均装在药筒内。点火剂包括引爆炸药和引药。引出导线与气囊插接器插头连接，插接器（一般为黄色）中设有短路片（铜质弹簧片）。当插接器插头拔下或插头与插座未能完全接合时，短路片将两根引线短接，防止静电或误通电将电热丝电路接通，从而使点火剂引爆而导致气囊误膨开。

（3）气囊　气囊按照位置可分为驾驶人侧气囊、前排乘员侧气囊、后排气囊、侧面气囊和顶部气囊等；按照大小可分为保护整个上身的大型气囊和保护面部的小型护面气囊。护面气囊成本低，但一定要和座椅安全带配合使用才能有保护作用。

驾驶人侧气囊多采用尼龙布涂氯丁橡胶或用有机硅制成。橡胶涂层起密封和保护作用，气囊背面有2个泄气孔。前排乘员侧气囊没有涂层，靠尼龙布本身的孔隙泄气。

（4）饰盖　饰盖是气囊组件的盖板，上面模制有撕缝，以便气囊能冲破饰盖膨开。

3. 安全气囊系统（SRS）指示灯

SRS指示灯位于仪表板上。接通点火开关时，诊断单元对系统进行自检，若SRS指示灯亮6s后熄灭，则表示安全气囊系统正常；若6s后SRS指示灯依然闪烁或一直不熄灭，则表示安全气囊系统有故障，提示驾驶人应进行维修。

4. 安全气囊ECU

安全气囊ECU内部有安全传感器、备用电源电容、稳压电路和故障自诊断电路等。安全气囊ECU的内部结构如图4-13所示，安全气囊系统的工作原理如图4-14所示。

在汽车行驶过程中，安全气囊ECU不断接收前碰撞传感器和中央碰撞传感器的信号，经过计算和逻辑判断确定是否发生碰撞。只有前碰撞传感器和中央碰撞传感器同时传送符合引爆气囊的信号（触点闭合），点火器电路才能工作，气囊才能引爆。这时安全气囊ECU控制点火器电源线端及搭铁端电路同时导通，点火器引爆炸药，充气剂受热产生氮气将气囊张开。

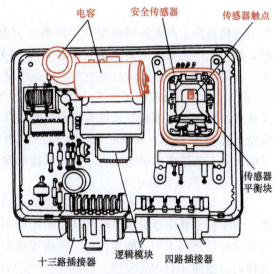

图4-13　安全气囊ECU的内部结构

当汽车车速低于30km/h发生碰撞时，安全气囊ECU只引爆安全带收紧器的点火器（点火器原理与气囊点火器相同）。当汽车车速高于30km/h发生碰撞时，安全气囊ECU同时引爆安全气囊和安全带收紧器的点火器。

安全气囊ECU要对控制组件中关键部件的电路不断地进行诊断测试，并通过SRS指示灯和存储在存储器中的故障码来显示测试结果。仪表板上的SRS指示灯可以直接向驾驶人提供安全气囊系统的状态信息。逻辑存储器中的状态信息和故障码可用专用仪器或通过特定方式从串行通信接口调出，供维修时参考。

安全气囊系统有两个电源：一个是汽车电源，另一个是备用电源。备用电源电路由电源控制电路和若干个电容器组成。在单安全气囊系统的控制组件中，设有一个安全气囊ECU备用电源和一个点火备用电源。在双安全气囊系统的控制组件中，设有一个安全气囊ECU

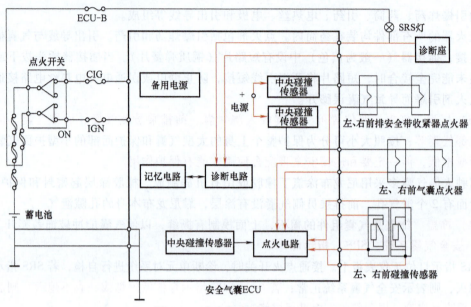

图 4-14 安全气囊系统工作原理

备用电源和两个点火备用电源，即两条点火电路各设一个备用电源。点火开关接通 10s 之后，如果汽车电源电压高于安全气囊 ECU 的最低工作电压，所有备用电源即可完成储能任务。备用电源的功用是当汽车电源与安全气囊 ECU 之间的电路切断后，在一定时间（一般为 6s）内，备用电源继续向安全气囊 ECU 供电，保持安全气囊系统的正常功能。当汽车遭受碰撞而导致蓄电池或发动机与安全气囊 ECU 之间的电路切断时，备用电源能在 6s 之内向安全气囊 ECU 供电，保证安全气囊 ECU 测出碰撞、发出点火指令及引爆气囊等正常功能。时间过长，备用电源供电能力下降，不能确保安全气囊系统正常工作。

5. 安全气囊系统线束

安全气囊系统的所有线束都套装在黄色的波纹管内，并与车身线束连成一体，以便于区别。为了保证转向盘具有足够的转动角度而不致损伤驾驶人气囊组件的连接线束，在转向盘与转向柱管之间采用了螺旋线束，即将线束安装在螺旋形弹簧内，再将螺旋形弹簧放到弹簧壳体内，如图 4-15 所示。

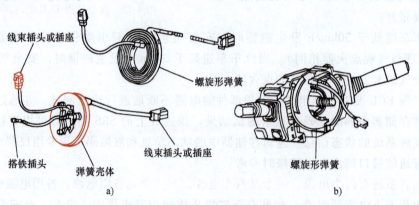

图 4-15 安全气囊系统的螺旋线束
a) 零件图 b) 装配图

电喇叭线束也安装在螺旋形弹簧内,螺旋形弹簧安装在转向盘与转向柱之间,安装时应注意其安装位置和方向,否则将导致螺旋线束和电喇叭线束折断、转向盘转向角度不足或转向沉重。

6. 保险机构

为了区别于其他线束,将安全气囊线束做成黄色,而且线束插接器采用导电性能和耐久性能良好的镀金端子,并设计有防止气囊误爆机构、端子双重锁定机构、插接器双重锁定机构和电路连接检查机构。图4-16所示为丰田汽车安全气囊系统采用的特殊插接器,采用的各种保险机构见表4-1。

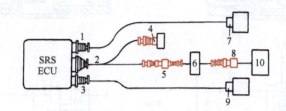

图4-16 丰田汽车安全气囊系统采用的特殊插接器

1~3—安全气囊ECU插接器 4—安全气囊系统电源插接器 5—中间线束插接器
6—螺旋线束 7—右碰撞传感器插接器 8—气囊组件插接器
9—左碰撞传感器插接器 10—点火器

(1) 防止安全气囊误引爆机构 如图4-17所示,在这种插接器中有一个短路片,当插接器插头与插座接在一起时,插头的绝缘体将短路片顶起,如图4-17a所示。短路片与点火器的两个端子分开,点火器中的电热丝电路处于正常连接状态;当插接器拔下时,短路片自动将点火器的两个引线端子短接,使点火器的电热丝与短路片构成回路,如图4-17b所示。此时,即使误将电源加到点火器上,点火器也不会引爆,从而防止安全气囊误引爆。

表4-1 丰田汽车安全气囊插接器采用的保险机构

序号	项目	插接器代号	序号	项目	插接器代号
1	防止气囊误引爆机构	2、5、8	3	插接器双重锁定机构	5、8
2	电路连接诊断机构	1、3、7、9	4	端子双重锁定机构	1、2、3、4、5、7、8、9

(2) 电路连接诊断机构 电路连接诊断机构的工作原理如图4-18所示,电路连接诊断机构是用来监测插接器是否连接可靠的,常用于连接前碰撞传感器的插接器。在这种插接器中,有一个诊断销和两个诊断端子。插接器正常连接时,诊断销与前碰撞传感器中的动合触点并联。

当传感器插头与插座未可靠连接(半连接)时,诊断端子与诊断销未接触,如图4-18a所示。此时,安全气囊ECU监测到该碰撞传感器的电阻为无穷大,即诊断该碰撞传感器为连接不可靠,自诊断电路便控制SRS指示灯闪亮报警,同时将故障码存储在存储器中。当传感器插头与插座的连接为可靠连接时,诊断端子与诊断销完全接触,如图4-18b所示。此时,电阻与碰撞传感器中的动合触点并联,安全气囊ECU检测到的阻值为该电阻的阻值,即可诊断为该插接器连接可靠。

(3) 插接器双重锁定机构 安全气囊系统在线束的重要连接部位,其插接器都采用了双重锁定机构,用于锁定插接器的插头与插座,防止插接器脱开,其工作原理如图4-19所示。

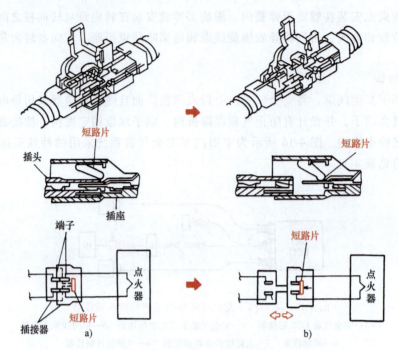

图 4-17 防止安全气囊误引爆机构的工作原理

a) 插接器正常插接时 b) 插接器拔下时

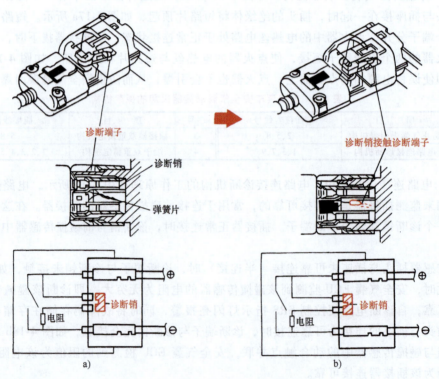

图 4-18 电路连接诊断机构的工作原理

a) 半连接 b) 可靠连接

项目四 电控安全系统检测与维修

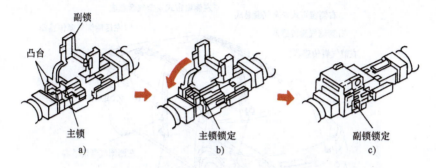

图 4-19 插接器双重锁定机构的工作原理

a) 主销打开，副销被挡住　b) 主销锁定，副销可锁定　c) 双重锁定

当主锁未锁定时，插头上的两个凸台阻止副锁锁定，如图 4-19a 所示；当主锁完全锁定时，副锁锁柄才能转动并锁定，如图 4-19b 所示；当主锁与副锁双重锁定时，插接器的插头与插座的连接状态如图 4-19c 所示，从而防止插接器插头与插座分开。

（4）端子双重锁定机构　安全气囊系统的每一个插接器都设有端子双重锁定机构，用于阻止引线端子滑出，如图 4-20 所示。插接器的插头与插座都是由锁柄和分隔片两部分组成；锁柄为一次锁定机构，可防止端子沿引线轴向方向滑动；分隔片为二次锁定机构，可防止端子沿引线径向移动。

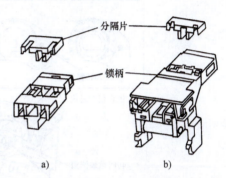

图 4-20 端子双重锁定机构

a) 插头　b) 插座

四、电控安全气囊系统实例

1. 丰田卡罗拉轿车安全气囊系统组成及工作原理

丰田卡罗拉轿车安全气囊系统各部件安装位置如图 4-21 所示。

（1）气囊

1）正面碰撞防护气囊：包括驾驶人侧气囊和前排乘员侧气囊，正面碰撞时引爆。

2）侧面碰撞防护气囊：包括驾驶人侧和前排乘员侧座椅侧气囊、窗帘式安全气囊，侧面中前部碰撞时引爆座椅侧气囊和窗帘式安全气囊，侧面后部碰撞时仅引爆窗帘式气囊。

3）驾驶人侧和前排乘员侧安全带预紧器：正面碰撞时引爆，引爆原理与气囊引爆原理相同。

（2）传感器　丰田卡罗拉轿车安全气囊系统传感器具体安装位置如图 4-22 所示。

1）前气囊传感器：左前气囊传感器与右前气囊传感器分别安装在左、右两侧散热器支架上，用于监测正面碰撞强度。左、右前气囊传感器采用的是电子减速度传感器。

2）侧气囊传感器：左侧侧气囊传感器与右侧侧气囊传感器分别安装在左、右两侧中柱的底部，侧气囊传感器采用的是电子减速度传感器。

3）后侧侧气囊传感器：左后侧侧气囊传感器与右后侧侧气囊传感器分别安装在左、右

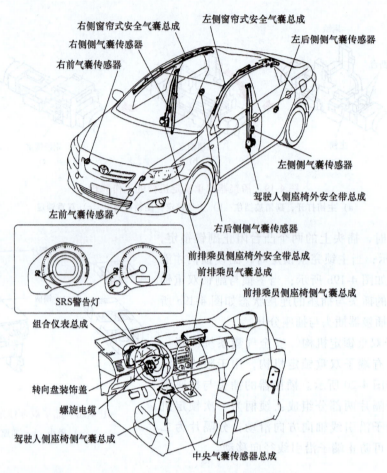

图 4-21 丰田卡罗拉轿车安全气囊系统各部件安装位置

两侧后柱上,后侧侧气囊传感器采用的是电子减速度传感器。

4)中央气囊传感器总成:中央气囊传感器总成也称为安全气囊 ECU。中央气囊传感器总成由安全传感器、点火控制电路、诊断电路、备用电源等组成,中央气囊传感器总成安装在仪表板下的中央地板上。

中央气囊传感器总成中的备用电源配备了升压电路(DC/DC 变换器),当蓄电池电压下降时,升压电路(DC/DC 变换器)工作,从而将安全气囊工作电压提升至正常电压。

(3)SRS 警告灯 安全气囊系统正常时,将点火开关从 OFF 位置转到 ON(IG)位置后,SRS 警告灯亮起约 6s,然后自动熄灭。

若安全气囊系统存在故障,则安全气囊 ECU 通过 CAN 总线将故障信息传送到组合仪表总成,组合仪表上 SRS 警告灯亮起。

(4)引爆原理 丰田卡罗拉轿车安全气囊系统原理如图 4-23 所示,丰田卡罗拉轿车安全气囊系统电路如图 4-24 所示。

安全气囊 ECU 通过 CAN 总线将气囊引爆信号发送给发动机控制模块 ECM,以停止燃油泵工作。组合仪表通过 CAN 总线将车速信号发送至安全气囊 ECU,当车速低于 30km/h 发生正面碰撞时安全气囊系统不工作。

项目四 电控安全系统检测与维修

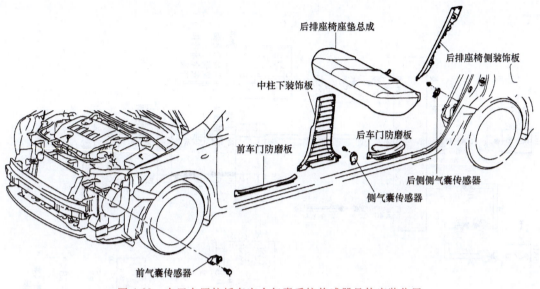

图 4-22　丰田卡罗拉轿车安全气囊系统传感器具体安装位置

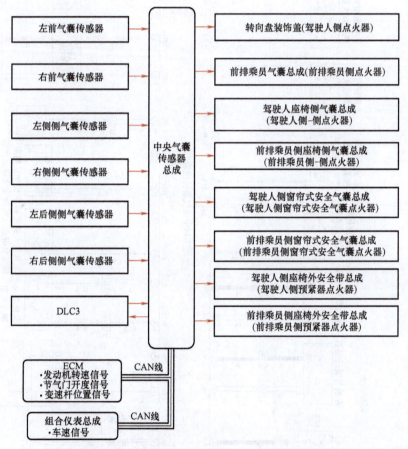

图 4-23　丰田卡罗拉轿车安全气囊系统原理

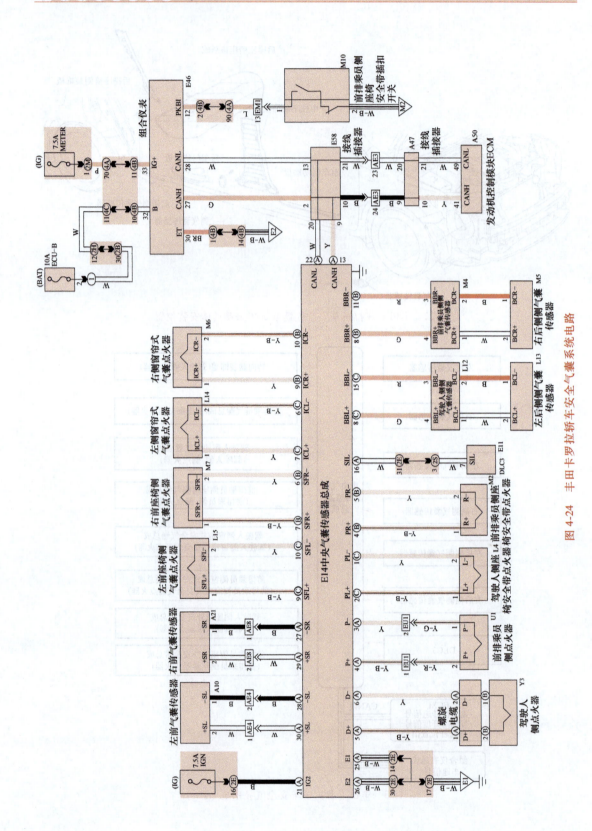

图 4-24 丰田卡罗拉轿车安全气囊系统电路

1）正面碰撞。正面碰撞时安全气囊引爆条件如图 4-25 所示。

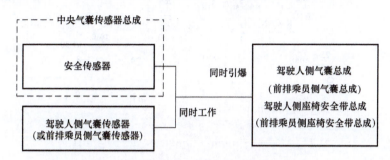

图 4-25　正面碰撞时安全气囊引爆条件

2）侧面中前部碰撞。侧面中前部碰撞时安全气囊引爆条件如图 4-26 所示。

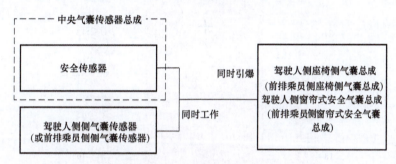

图 4-26　侧面中前部碰撞时安全气囊引爆条件

3）侧面后部碰撞。侧面后部碰撞时安全气囊引爆条件如图 4-27 所示。

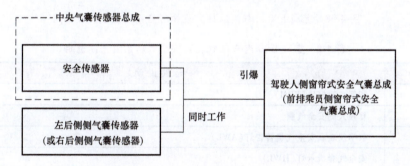

图 4-27　侧面后部碰撞时安全气囊引爆条件

2. 宝马 E90 汽车（欧规）安全气囊系统简介

宝马汽车安全气囊系统也称为多功能乘员保护系统（MRS），宝马 E90 汽车（欧规）所采用的多功能乘员保护系统 5（MRS5）是宝马汽车 MRS 的后续开发产品。该系统由 MRS5 电控单元、传感器及执行机构三部分组成。宝马 E90 汽车（欧规）安全气囊系统的组成及电路图如图 4-28 所示，图中各元件说明见表 4-2。

宝马 E90 汽车（欧规）多功能乘员保护系统（MRS5）中，所有的传感器及执行器都与 MRS5 电控单元直接相连。当汽车发生正面、尾部或侧面碰撞时，MRS5 电控单元分析传感器输送的信号，确定是否需要触发安全带拉紧装置以及需要引爆的安全气囊。

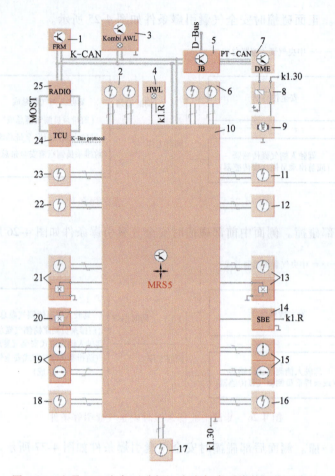

图 4-28 宝马 E90 汽车（欧规）安全气囊系统的组成及电路

表 4-2 宝马 E90 汽车（欧规）安全气囊系统元件说明

序 号	元 件 说 明
1	脚部空间模块(FRM)
2	驾驶人侧安全气囊
3	数字仪表及安全气囊警告灯(AWL)
4	安全气囊指示灯(HWL)
5	接线盒
6	前排乘员侧安全气囊
7	数字式发动机电子系统(DME)
8	燃油泵继电器
9	电动燃油泵
10	MRS5 电控单元
11	前排乘员侧帘式安全气囊(头部安全气囊)
12	集成在前排乘员侧座椅内的侧面安全气囊
13	带安全带锁扣开关的前排乘员侧安全带拉紧器

(续)

序 号	元 件 说 明
14	用于座椅安全带提醒功能的座椅占用识别装置
15	右侧B柱卫星式电控单元
16	右后安全带拉紧器
17	安全型蓄电池接线柱
18	左后安全带拉紧器
19	左侧B柱卫星式电控单元
20	用于停用前排乘员侧和侧面安全气囊的安全气囊开关
21	带安全带锁扣开关的驾驶人安全带拉紧器
22	集成在驾驶人座椅内的侧面安全气囊
23	驾驶人侧帘式安全气囊（头部安全气囊）
24	用于紧急呼叫功能的(TCU)远程通信系统电控单元
25	至K-BUS的MOST接口

宝马E90汽车（欧规）多功能乘员保护系统（MRS5）各元件的功能如下：

（1）MRS5电控单元的功能

1）识别碰撞并确定点火时间。

2）触发点火输出级。

3）记录碰撞数据。

4）系统自检。

5）循环监控。

6）显示系统准备状态。

7）故障显示和故障存储。

8）故障输出（诊断）。

9）为通信网络内的其他组件输出碰撞电码。

10）停用前排乘员侧安全气囊时，控制安全气囊指示灯。

（2）MRS5的传感器

1）在MRS5电控单元内有两个以90°错开的加速度传感器。加速度传感器用于测量车辆的纵向和横向加速度。

2）B柱卫星式电控单元。B柱卫星式电控单元由一个纵向加速度传感器和一个横向加速度传感器组成。B柱卫星式电控单元用于识别正面、侧面和尾部碰撞。B柱卫星式电控单元如图4-29所示。

3）前排乘员侧座椅占用识别装置传感器。如图4-30所示，在E90汽车的前排乘员侧座椅表面上有一个传感器：有负载时，传感器电阻降低；质量超过约12kg时，座椅被识别为占用。座椅占用识别装置用于执行以下功能：

① 用于计算前排乘员侧安全气囊触发算法的输入信号。

② 启用座椅安全带提醒功能（SBR）。

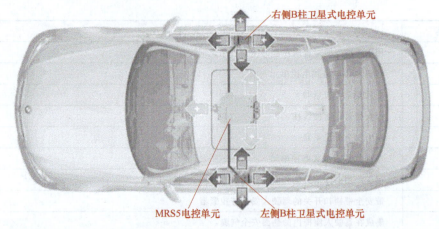

图 4-29　B柱卫星式电控单元

4）安全带锁扣开关。安全带锁扣开关发出安全带是否系上的信号。安全带锁扣开关将信号发送到 MRS5 电控单元内,并将其用于座椅安全带提醒功能。安全带锁扣开关位于驾驶人侧和前排乘员侧座椅的安全带锁扣内。

5）安全气囊开关（仅限带有 SA470 ISO FIX 儿童座椅固定装置时）。如果安装了 SA ISO FIX 儿童座椅固定装置,则可借助一个钥匙开关停用前排乘员侧安全气囊。安全气囊钥匙开关如图 4-31 所示。

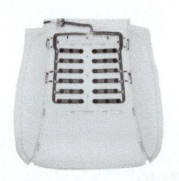

图 4-30　前排乘员侧座椅占用
识别装置传感器

图 4-31　安全气囊
钥匙开关

（3）MRS5 系统的执行机构　MRS5 电控单元负责启用以下执行机构：

1）**驾驶人侧两级引爆安全气囊**。驾驶人侧安全气囊的任务是在发生正面碰撞事故时,与安全带配合使用以降低驾驶人头部或胸部严重受伤的危险。驾驶人侧安全气囊位于转向盘缓冲垫内。驾驶人侧安全气囊装备了一个两级引爆气体发生器。

根据碰撞程度确定安全气囊的点火级别。气体发生器分两级引爆有助于执行与碰撞程度匹配的保护功能,因此,可降低气囊膨开期间作用于乘员的压力。

2）**前排乘员侧两级引爆安全气囊**。前排乘员侧安全气囊的任务是在发生正面碰撞事故时,与安全带配合使用以降低前排乘员严重受伤的危险。前排乘员侧安全气囊位于仪表板下。

通过前排乘员侧安全气囊碰撞撕开仪表板上预定的位置，并打开一个通过织物带与仪表板相连的盖板。前排乘员侧安全气囊向风窗玻璃方向打开。前排乘员侧安全气囊向上膨开，并支撑在风窗玻璃和仪表板上。

3) 驾驶人侧和前排乘员侧帘式安全气囊（头部安全气囊）。帘式安全气囊从 A 柱至 C 柱并遮住头部高度处的整个侧面区域，如图 4-32 所示。帘式安全气囊在乘员与侧窗玻璃及立柱饰板之间展开。该安全气囊与前部座椅内的侧面安全气囊配合使用，可以在发生侧面碰撞事故时为乘员提供最佳保护。

图 4-32　驾驶人侧和前排乘员侧帘式安全气囊

由于帘式安全气囊的存在，可以在发生侧面碰撞期间减小乘员头部和四肢向外移动的幅度。这样既可以降低颈部剪切力和颈椎弯曲力矩，还可以防止与侧面车身结构或撞入物直接接触，从而降低头部受伤的危险。发生侧面碰撞事故时，系统会引爆安装在 B 柱与 C 柱之间的气体发生器。气体从压力容器经过两个喷气嘴喷入帘式气囊内。对帘式安全气囊前部和后部同时充气，可确保空气垫均匀充气。

由于帘式安全气囊固定在 A 柱和 C 柱上，因此决定了头部安全气囊的位置。此时，帘式安全气囊在侧窗玻璃及立柱饰板与乘员之间展开。通过这个封闭系统可以使帘式气囊在几秒钟内保持足够的结构强度和稳定性。

4) 左右座椅靠背内的前部侧面安全气囊。侧面安全气囊的任务是在发生侧面碰撞事故时，降低驾驶人与前排乘员骨盆和躯干部位受伤的危险。为了确保最佳的内部功能性、典雅的造型和较高的安全性要求，在新款 BMW 3系车上选择了左、右座椅靠背内的前部侧面安全气囊，如图 4-33 所示。

侧面安全气囊以折叠方式与气体发生器一起放在一个塑料壳体中，即安全气囊模块内。安全气囊模块固定在座椅靠背内，在标准座椅上由座椅套盖住。

侧面碰撞严重到一定程度时，侧面安全气囊引爆。侧面安全气囊通过标准撕开位置向外弹出并在车门与乘员之间展开。车门与乘员之间的气囊提供适度的缓冲，因此可降低乘员所承受的负荷。

5) 左侧和右侧前、后部安全带拉紧器。燃爆式安全带拉紧器的任务是在发生碰撞事故时将人固定在座位上，如图 4-34 所示。

6) 安全型蓄电池接线柱。如果 MRS5 电控单元识别到较严重的正面、侧面或尾部碰撞，发动机电控单元（DME）就会将蓄电池正极接线柱电缆自动断开，如图 4-35 所示。同时，发动机电控单元（DME）关闭发电机。

7) 安全气囊警告灯（AWL）。安全气囊警告灯（AWL）位于组合仪表内。多功能乘员保护系统（MRS5）处于系统准备状态时，通过 AWL 的熄灭显示出来，如图 4-36 所示。

 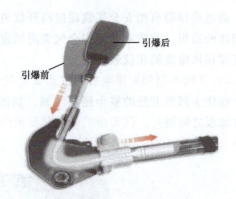

图 4-33　新款 BMW 3 系的左、右座椅靠背内的前部侧面安全气囊

图 4-34　燃爆式安全带拉紧器

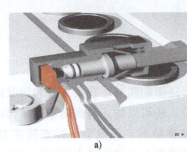 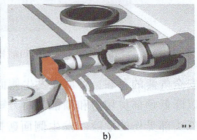

a)　　　　　　　　　　　b)

图 4-35　安全型蓄电池接线柱

a) 引爆前　b) 引爆后

8) 安全气囊系统（SRS）指示灯。SRS 指示灯位于车内照明灯前车顶功能中心（FZD）内。对于欧规宝马汽车，如果停用了前排乘员侧前部安全气囊和侧面安全气囊，则会启用 SRS 指示灯且该指示灯以黄色亮起，如图 4-37 所示。

图 4-36　安全气囊警告灯（AWL）　　图 4-37　安全气囊系统（SRS）指示灯

五、电控安全气囊系统诊断与维修注意事项

1) 安全气囊系统的故障很难确认。由自诊断系统提取故障码是诊断和排除安全气囊系统故障的重要途径和信息来源。因此，在检查与排除安全气囊系统故障时，必须在拆下蓄电池负极电缆之前读出故障码。

2) 检查工作务必在关闭点火开关并将蓄电池负极电缆拆下 20s 或更长一段时间后进行。

这是因为安全气囊系统装备有备用电源,若检查工作在拆下蓄电池负极电缆后 20s 内就开始,安全气囊系统由备用电源供电,检查中很可能使安全气囊误膨开。另外,汽车音像系统、防盗系统、时钟、电控座椅、电控倾斜和伸缩转向系统、电控后视镜等系统均具有存储功能。当蓄电池负极电缆拆下后,存储的内容将会丢失。因此,在检查工作开始之前,应通知汽车用户将音像系统、防盗系统的密码和其他控制系统的有关内容记录下来。当检查工作结束之后,由维修人员或汽车用户重新设置密码和有关内容并调整时钟。绝不允许使用车外电源来避免各系统存储内容丢失,以免导致安全气囊误膨开。

3) 检查安全气囊系统时,即使只发生了轻微碰撞而安全气囊并未膨开,也应对前碰撞传感器、驾驶人侧 SRS 组件、前排乘员侧 SRS 组件和座椅安全带收紧器等进行检查。

安全气囊系统对零部件的工作可靠性要求极高。所有零部件均为一次性使用部件,如果需要更换零部件,则应使用新件,并且不允许使用不同型号车辆上的零部件。

在检修汽车其他零部件时,如果有可能对安全气囊系统的传感器产生冲击,则应在检修工作开始之前先将碰撞传感器拆下,以防安全气囊误膨开。

安全气囊系统的碰撞传感器采用了水银开关式传感器。由于水银蒸气有剧毒,因此,传感器更换之后,换下的旧传感器不能随意毁掉,应视为有害废物处理。

当前碰撞传感器、SRS ECU 或 SRS 组件碰撞之后或其壳体、支架、插接器有裂纹和凹陷时,应换用新件。

前碰撞传感器、SRS ECU 或 SRS 组件不得暴晒或接近火源。

绝对不能检测点火器的电阻,否则有可能导致安全气囊引爆。检测其他部件电阻和检测安全气囊系统故障时,必须使用高阻抗(至少 $10k\Omega/V$)万用表,即最好使用数字式万用表。如果使用指针式万用表,则由于其阻抗小,表内电源的电压加到安全气囊系统上就有可能引爆安全气囊。

在安全气囊系统各个总成或零部件的表面上,均标有说明标牌或注意事项,使用与检查时必须按规定进行。

4) 当安全气囊系统(SRS)的检查工作完成之后,必须用 SRS 指示灯进行验证。当点火开关转到接通或辅助位置时,根据 SRS 指示灯的工作情况判断安全气囊系统是否正常。

5) 拆卸或搬运 SRS 组件时,转向盘衬垫的上表面应朝上(即安全气囊装饰盖一面应当朝上)放置,如图 4-38 所示;也不得将 SRS 组件重叠堆放,以防安全气囊误爆,造成严重事故。

6) 在报废汽车整车或报废 SRS 组件时,应在报废之前先用专用维修工具 SST 将安全气囊引爆。引爆工作应在远离电场干扰的地方进行,以免由于电场过强而导致安全气囊误爆。

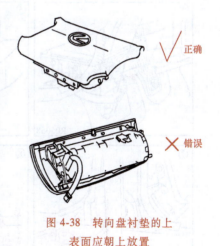

图 4-38 转向盘衬垫的上表面应朝上放置

7) 汽车已发生过碰撞、安全气囊一旦引爆后,SRS ECU 就不能继续使用。

8) 当连接或拆下 SRS ECU 上的插接器插头时,因为安全传感器与 ECU 组件在一起,所以应在 ECU 组件安装在其固定位置之后再进行连接或拆卸，否则安全传感器就起不到保护作用。

9）安装转向盘时，其安装位置必须正确，即必须安装在转向柱管上，并使螺旋弹簧位于中间位置，否则会造成螺旋电缆脱落或发生故障。安全气囊系统线束套装在黄色波纹管内，并与车身线束和地板线束连成一体，所有线束插接器均为黄色，以便于区别。当发生交通事故而使安全气囊系统线束脱开或插接器破碎时，都应修理或更换新件。

10）在检查故障时，对安全气囊系统的传感器、执行器、配线和插接器等除了要采用正确的操作方法外，还要按正确的顺序进行拆装检查，否则安全气囊系统在进行修理操作时易造成误爆。图 4-39 所示为丰田轿车安全气囊系统（SRS）电路的插接器拆卸顺序。

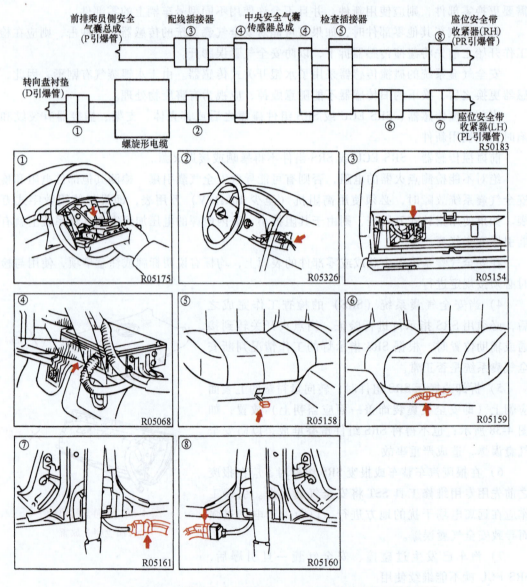

图 4-39　丰田 LS400 轿车安全气囊系统（SRS）电路的插接器拆卸顺序

项目四 电控安全系统检测与维修

【任务实施环境】

1) 理实一体化教室授课，每个学习小组1个标准工位。

2) 每个工位配轿车（丰田卡罗拉）1辆、解码器1台、万用表1块及各种导线、电工常用的各种钳子、螺钉旋具等。

3) 每组配有丰田卡罗拉轿车维修手册1套。

【任务实施步骤】

1. 确认故障现象

打开点火开关，SRS 警告灯一直闪烁，表示 SRS 有故障。

2. 故障检测

SRS 警告灯的控制信号是由中央气囊传感器总成通过 CAN 通信系统发送给组合仪表总成的。仪表总成与中央气囊传感器总成的电路关系如图4-40所示，检测步骤如下：

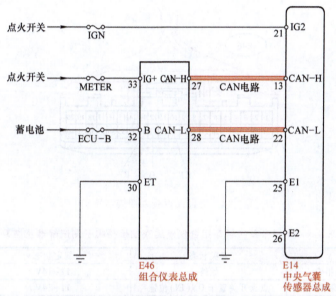

图 4-40　丰田卡罗拉轿车仪表总成与中央气囊传感器总成的电路关系

1) 确认蓄电池电压为 11~14V。

2) 检查 CAN 通信系统。用解码器检测 CAN 总线系统，确认 CAN 通信系统无故障。

3) 检查中央气囊传感器总成插接器。将点火开关置于 OFF 位置，断开蓄电池负极电缆，等待至少 90s，确认中央气囊传感器总成插接器可靠连接，确认插接器端子没有损坏。

线束插接器前视图：(至中央气囊传感器总成)

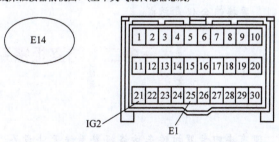

图 4-41　中央气囊传感器总成线束插接器端子

127

4）中央气囊传感器总成端子测试。中央气囊传感器总成线束插接器端子如图 4-41 所示，测试标准及结果见表 4-3。若正常，进入下一步；否则，对此处进行维修。

表 4-3　丰田卡罗拉轿车中央气囊传感器总成线束插接器端子测试标准及结果

检测仪连接	开关状态	规定状态	实测结果
E14-21（IG2）-车身搭铁	点火开关置于 ON（IG）位置	8～16V	
E14-25（E1）-车身搭铁	始终	小于 1Ω	

5）检查组合仪表线束插接器。将点火开关置于 OFF 位置，断开蓄电池负极电缆，等待至少 90s，确认组合仪表插接器可靠连接，确认插接器端子没有损坏。

6）组合仪表线束插接器端子测试。组合仪表线束插接器端子如图 4-42 所示，测试标准及结果见表 4-4。若正常，进入下一步；否则，对此处进行维修。

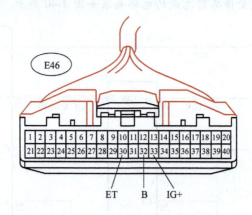

图 4-42　组合仪表线束插接器端子

表 4-4　丰田卡罗拉轿车组合仪表线束插接器端子测试标准及结果

检测仪连接	开关状态	规定状态	实测结果
E46-32(B)-车身搭铁	始终	11～14V	
E46-33(IG+)-车身搭铁	点火开关置于 ON(IN)位置	11～14V	
E46-30(ET)-车身搭铁	始终	<1Ω	

7）检查 SRS 警告灯状况。将点火开关置于 ON（IG）位置，SRS 警告灯亮 6s，熄灭约 10s，然后一直亮起。这时，故障在中央气囊传感器总成，需要更换中央气囊传感器总成；否则，更换组合仪表总成。

任务二　防盗报警系统检测与维修

任务导入

现有丰田卡罗拉轿车防盗报警系统无法设置，请对防盗报警系统进行故障诊断，以确定故障部位，进而排除故障。

相关知识

为了防止车辆被盗,许多汽车公司将汽车防盗装置作为汽车的标准配置,以此来提高汽车的市场竞争力。防盗报警系统通常与汽车中控门锁系统配合工作。当汽车处于防盗报警功能状态时,若有人企图不用钥匙强行进入汽车或打开发动机舱罩、行李舱盖时,防盗报警系统的各种传感器便能检测到这种信息,立刻起动防盗报警系统,一方面发出报警,如灯光闪烁、喇叭鸣叫;另一方面阻止车辆运行,如切断点火电路、起动电路及供油电路等。

各种车型的防盗报警系统进入戒备状态的基本条件都是关闭点火开关,锁好所有车门。当锁上驾驶人侧车门时,警告灯亮30s,表示车辆处于戒备状态,随时可以起作用。若警告灯不亮,则一定有某扇车门未关好。

当防盗报警系统进入戒备状态时,防盗报警系统对车门锁开关及行李舱开关等所有开关进行监控。当被监控的开关被撬时,防盗报警系统启动,系统便发出音响报警和灯光闪烁,待定时器到时后(30s或1min),音响和灯光平息,系统自动处于戒备状态。

一、防盗报警技术

1. 超声波监测器

有些汽车防盗系统采用超声波监测器,对汽车门窗和车身的破损以及车内的状态改变进行监测。图4-43所示为超声波检测原理。**超声波监测器由超声波发生器和超声波接收器组成**,超声波发生器一般采用压电式声波发生器。为使压电晶片产生共振,加在电极上的交变电压频率必须与压电晶片的固有频率相等。压电晶片的厚度与电极产生的电场强度有关,其厚度可以从几毫米到0.5mm。当车窗玻璃和车门封闭后,超声波发生器将产生固定频率和幅值的超声波,由超声波接收器接收从车内反射的超声波。**在正常情况下,反射回来的超声波与发出时具有固定的相位差。**当车窗玻璃或车身受损时,固定的相位关系将被破坏,通过检测超声波发出时和接收时的相位差,就可以对车窗玻璃和车身状况以及是否有人进入车内进行判断。当确定有人非法进入车内时,防盗报警系统启动,使汽车的前照灯和尾灯闪烁,报警喇叭鸣响,同时切断点火电路、起动电路和供油电路,使汽车不能起动,直到解除戒备状态为止。

2. 身份识别系统

车主身份识别系统是利用电子钥匙解码器解读点火开关钥匙上的密码电阻,因此具有防盗功能。一些汽车制造公司将防盗系统称为身份识别系统,或者称为电子禁启动系统。图4-44所示为美国通用汽车公司采用的电子钥匙防盗系统。其原理是点火钥匙上装有一个晶片,每把钥匙所用的晶片有一特定的阻值,其范围在380Ω~12.3kΩ之间。点火钥匙除了像普通钥匙那样必须与锁体匹配之外,其晶片电阻值还要与起动机电路相匹配。

当点火钥匙插入锁体时,晶片与电阻检测触头接触,当锁体转到ST档时,钥匙晶片的电阻值输送到电子钥匙解码器。若钥匙晶片的电阻值与电子钥匙解码器中存储的电阻值一致,则起动机工作,同时将起动信号发送给发动机ECU,发动机ECU启动燃油喷射系统,完成发动机的起动。

若钥匙晶片的电阻值与电子钥匙解码器存储的电阻值不一致,解码器便禁止起动发动机,尽管锁体已经转到了起动位置,发动机仍然不能起动。

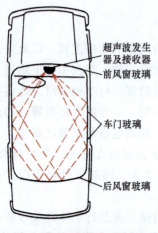
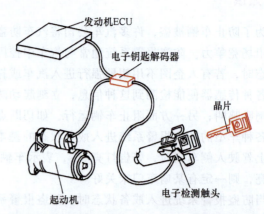

图 4-43 超声波检测原理　　　　图 4-44 美国通用汽车公司采用的电子钥匙防盗系统

3. 电流敏感传感器

有的防盗系统利用电流敏感传感器技术,当汽车处于戒备状态时,一旦有人非法进入车内,只要汽车的电气系统有变化,如门灯亮了、起动发动机等,传感器便启动报警系统。

二、防盗系统的基本组成及工作原理

如图 4-45 所示,防盗系统由带有应答器的点火开关钥匙、阅读线圈、防盗器控制单元、发动机控制单元、嵌入式仪表板指示灯等组成。

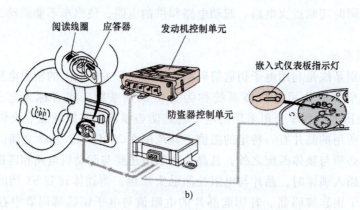

图 4-45 防盗系统的组成及工作原理
a) 点火开关钥匙　b) 防盗系统原理图

1. 应答器

应答器无须电池,它是一个整合在钥匙中的接收器和发射器单元。当点火开关打开时,

项目四　电控安全系统检测与维修

阅读线圈中产生交变磁场激活应答器。

2. 阅读线圈

如图 4-46 所示，阅读线圈环绕在机械式点火锁的周围。它的作用是激活应答器，接收应答器密码，并将密码传送给防盗控制单元。

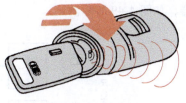

图 4-46　阅读线圈

3. 指示灯

当点火开关打开时，指示灯亮并持续 3s。如果插入点火锁的点火开关钥匙密码错误，则指示灯一直闪亮，说明钥匙不合法。

4. 防盗系统的工作过程

1）固定码传输（从钥匙到防盗控制单元）：打开点火开关，由阅读线圈激活钥匙中的应答器，应答器发射固定码，由阅读线圈接收并传送给防盗控制单元。

2）可变码传输（从防盗控制单元到钥匙）：防盗控制单元确认密码正确后，随机产生一组变码并通过阅读线圈传送给应答器。在应答器和防盗控制单元内有一套相同的密码术公式，同时对变码进行计算，应答器将计算结果再次发送结防盗控制单元。若计算结果相同，则确认钥匙合法。

3）可变码传输（从防盗控制单元到发动机控制单元）：当确认钥匙合法后，防盗控制单元立刻计算由前一次熄火时发动机控制单元传送来的随机变码，并将计算结果传送给发动机控制单元，在发动机控制单元和防盗控制单元内有另一套密码术公式，若计算结果相同，则发动机控制单元允许发动机起动。

三、防盗报警系统实例

1. 宝马 E60 汽车防盗报警系统（DWA）

宝马 E60 汽车防盗报警系统（DWA）可以识别非法侵入车内或对车辆进行不法操作的行为。车厢内部由超声波车内防盗监控传感器（USIS）监控，当有人试图撬开车门和非法进入车内时，防盗报警系统（DWA）就会报警。此时，汽车灯光闪烁，防盗报警系统的报警器间歇鸣响约 30s。集成在防盗报警器中的倾斜报警传感器监控车辆的倾斜度，倾斜报警传感器可以识别车辆是否被抬起或牵引。图 4-47 所示为宝马 E60 汽车防盗报警系统（DWA）示意图，防盗报警系统（DWA）的电路如图 4-48 所示，电路图中的元件说明见表 4-5。

图 4-47　宝马 E60 汽车防盗报警系统（DWA）示意图

宝马 E60 汽车防盗报警系统（DWA）的组成及工作原理如下：

（1）传感器部分

1）超声波车内传感器。超声波车内传感器安装在车顶内，与 DWA 电控单元安装在一起。宝马 E60 汽车共有 4 个超声波车内传感器，其中两个超声波车内传感器带有声波矫正器，如图 4-49 所示。

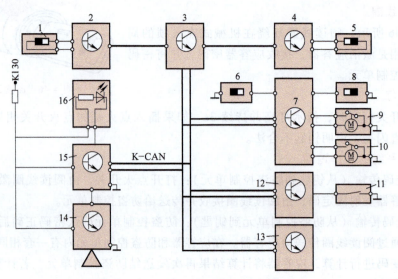

图 4-48　宝马 E60 汽车防盗报警系统（DWA）的电路

表 4-5　宝马 E60 汽车防盗报警系统（DWA）电路图中的元件说明

序号	说　　明	序号	说　　明
1	驾驶人侧车门的车门触点	10	后窗触点开关（仅限 E61）
2	驾驶人侧车门模块（TMFA）	11	前机舱盖触点开关
3	安全和网关模块（SGM）	12	便捷上车及起动系统（CAS）
4	前排乘员侧车门模块（TMBF）	13	灯光模块（LM）
5	前排乘员侧车门触点	14	带集成式倾斜报警传感器的报警器（SINE）
6	驾驶人侧后车门触点		
7	车身标准模块（KBM）	15	DWA 电控单元（超声波车内防盗监控传感器，USIS）
8	前排乘员侧后车门的车门触点		
9	后行李舱盖触点开关	16	DWA 发光二极管

　　超声波车内传感器借助超声波监控车厢内部，超声波车内传感器可以识别整个车厢内的运动，DWA 电控单元分析来自超声波车内传感器的信号，当超声波的反射波发生改变时，可以确定有一个运动发生，立即触发报警。

　　2）倾斜报警传感器。倾斜报警传感器安装在报警器的内部，同时报警器中还有自己专用的微处理器，这样报警器总成通过一条区域数据总线与 DWA 电控单元相连，如图 4-50 所示。倾斜报警传感器监控车辆的水平位置，并将倾斜度的信号输送给报警器中的微处理器。微处理器对倾斜报警传感器的信号进行分析，若为非法操作，则微处理器触发 DWA 报警器报警。

　　倾斜传感器的工作原理如图 4-51 所示。当车辆改变原有静止状态时，测量部件在电容器电极之间的位置将改变，因此，根据电容器电容及电极之间的电压改变，电容器电压信号将由倾斜传感器内的微处理单元识别。

　　为了使报警器不受车辆蓄电池影响，报警器自身带有电源，电源的使用寿命约为 10 年或 300 次自动触发报警。报警器有一个扬声器，频率为 199~2800Hz。

　　（2）电控单元　在宝马 E60 汽车防盗报警系统中参与工作的电控单元有很多，主要有以下几个电控单元。

项目四　电控安全系统检测与维修

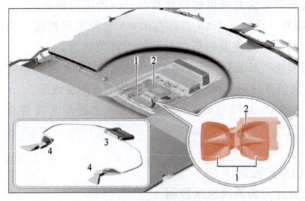

图 4-49　超声波车内传感器

1、3—DWA 电控单元　2—超声波车内传感器与声波矫正器
4—两个带声波矫正器的独立超声波车内传感器

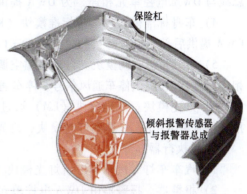

图 4-50　倾斜报警传感器与报警器总成

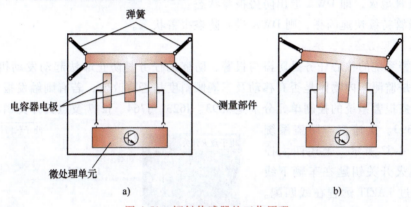

图 4-51　倾斜传感器的工作原理
a）正常情况　b）倾斜

1）DWA 电控单元。DWA 电控单元与超声波车内传感器组成一个单元，DWA 电控单元通过一条单线总线控制报警器。DWA 电控单元连接在 K-CAN 上。

在最后的车门关闭 3s 后，超声波车内传感器开始基准运行。基准运行期间对车厢内部进行"扫描"，这样可以识别车厢内的变化。基准运行 20s 后超声波车内传感器准备就绪。然后，每隔 65ms 发射两个超声波信号。发送后把来自车厢内每个超声波信号的反射波分开存储到一个测量值数组中，然后把反射波分成几个区段，在每个区段内将两次测量的反射波相互比较。当识别到一个报警事件时，DWA 电控单元触发报警，在区域数据总线上控制声音报警器。在 K-CAN 上把用于灯光报警的信号传递到灯光模块，由灯光模块控制灯光报警。

2）便捷上车及起动系统（CAS）电控单元。CAS 电控单元通过 K-CAN 总线与 DWA 电控单元相连，为 DWA 电控单元提供以下信号：

① 中控锁的状态。
② 前机舱盖触点状态。
③ 点火开关钥匙是否在点火开关中。
④ 便捷上车状态。

3）驾驶人侧车门模块和前排乘员侧车门模块。车门模块（TMFA、TMBF）通过 K-CAN

总线与 DWA 电控单元相连，为 DWA 提供前部车窗升降机的位置及前车门的车门触点。

4）车身标准模块。车身标准模块（KBM）通过 K-CAN 总线与 DWA 电控单元相连，为 DWA 提供后部车窗升降机的位置、后车门的车门触点及后行李舱盖触点开关状态。

5）自动恒温空调模块。自动恒温空调模块（IHKA）通过 K-CAN 总线与 DWA 电控单元相连，为 DWA 提供停车通风信号。停车通风信号被用于调整超声波车内传感器的灵敏度。

6）灯光模块。灯光模块（LM）通过 K-CAN 总线与 DWA 相连，DWA 电控单元将请求报警信号由 K-CAN 传递到灯光模块，灯光模块驱动车灯闪烁报警。

（3）执行器部分

1）汽车车灯。汽车车灯由灯光模块（LM）控制。

2）报警器。报警器由 DWA 电控单元通过一条单线总线控制。

3）发光二极管。发光二极管用来显示防盗报警系统的状态，由 DWA 电控单元通过一条导线直接控制。发光二极管安装在车内后视镜的下部，显示信息如下：

① 二极管熄灭，即 DWA 退出防盗报警状态。

② 二极管持续快速闪亮，则 DWA 进入防盗报警状态。

2. 奥迪汽车防盗报警系统

防盗报警系统的核心任务是防盗与报警，防盗的任务是防止非法起动发动机驾驶车辆，报警的任务是监测车内物体是否有移动及车辆倾斜度是否有改变，若有则触发报警。

参与防盗报警系统的控制单元分别是 J393、J623、J764、J217 及点火开关钥匙，其中主控单元是 J393。奥迪汽车防盗系统的组成如图 4-52 所示。上述四大控制单元及点火开关钥匙在车辆下线时就已经通过 FAZIT 远程在线匹配。FAZIT 即德国大众汽车公司总部中央数据库车辆防盗组件防盗数据传输协议，简称数据库。每辆汽车的 17 位 VIN、23 位序列号、8 位点火开关钥匙 ID 码及合法钥匙的数量都在数据库中。上述 J393、J623、J764、J217 控制单元及点火开关钥匙在车辆使用过程中若发生更换，则必须使用专用诊断仪（解码器）与 FAZIT 进行在线匹配。

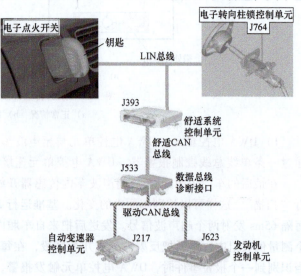

图 4-52 奥迪汽车防盗系统的组成

（1）有钥匙起动防盗原理　如图 4-53 所示，有钥匙起动工作流程如下：

1）点火开关钥匙插入电子点火开关 E415，E415 识别并读取点火开关钥匙中的密码信息通过 LIN 总线与 J393 交换数据，J393 确认钥匙合法。

2）J393 与电子转向柱锁控制单元 J764 交换数据，确认其合法并打开转向柱锁。

3）J393 与发动机控制单元 J623 和变速器控制单元 J217 交换数据，确认其合法。

4）按下起动按钮 E408，J393 与 J623 分别控制起动系统的继电器工作，完成发动机的起动。

项目四 电控安全系统检测与维修

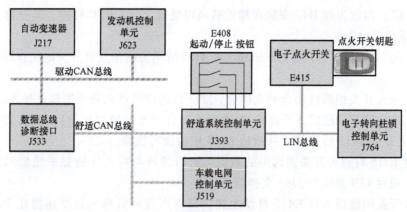

图 4-53 奥迪汽车起动过程防盗原理

（2）免钥匙起动防盗原理 如图 4-54 所示，免钥匙（点火开关钥匙放在口袋里或车内）起动流程如下：

1）按下起动/停止按钮 E408，E408 向舒适系统控制单元 J393 发送请求起动信号。

2）J393 接收到起动请求信号后，通过发射天线 R137 与 R138 向钥匙发射触发信号。

3）点火开关钥匙被触发后，向 J393 发射钥匙密码信息，J393 通过接收天线 R47 与点火开关钥匙交换数据，J393 确认点火开关钥匙合法。

4）J393 与电子转向柱控制单元 J764 交换数据，确认其合法并打开转向柱锁。

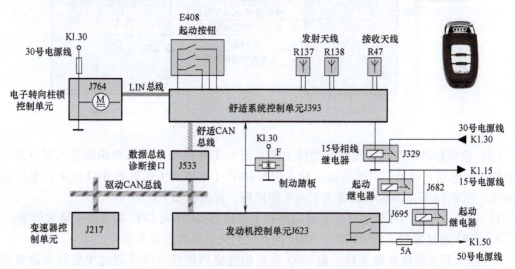

图 4-54 奥迪汽车免钥匙起动防盗原理

5）J393 控制 15 号电源线继电器闭合。

6）J393 与发动机控制单元 J623 和变速器控制单元 J217 交换数据，确认其合法。

7）J623 控制起动继电器工作，完成发动机的起动。

以上若不踩制动踏板只按下起动按钮 E408，系统只接通 15 号电源线继电器，发动机不工作。起动/停止按钮 E408 多触点设计是为了防止误起动。采用双起动继电器的目的是延长继电器的使用寿命。发射天线 R137 与 138 分别安装在行李舱及车内前中控台内，主要作用是在免钥匙起动发动机时发射信号触发钥匙，发射天线 R137 与 R138 全称为"智能进入启动装置天线"。接收天线 R47 安装在靠近后风窗玻璃上部左侧 C 柱内,其全称为"中控锁及防盗报警系统天线"。

(3) 电子点火开关 E415 的工作原理　图 4-55 所示为电子点火开关的工作原理,工作流程如下:

1) 插入点火开关钥匙后动合触点闭合,J393 以此判断点火开关钥匙已插入。

2) 插入点火开关钥匙后 3 个接线端 15 触点闭合(也称微型开关),触发 J393 通过 LIN 线向电子点火开关 E415 传送指令并激活 E415 中的读写线圈。

3) 这时 E415 对点火开关钥匙中的数据可进行读取与写入(防盗系统密码及车辆技术服务数据),通过 LIN 总线与 J393 交换信息。

4) 点火开关钥匙插入后 E415 自动上锁,只有当发动机熄火且变速器在 P 位时,J393 给 E415 解锁螺线管通电,E415 解锁,点火开关钥匙才可以拔出。

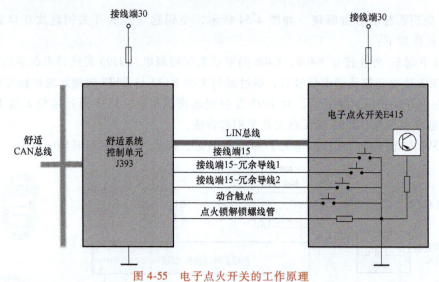

图 4-55　电子点火开关的工作原理

(4) 免钥匙进入车内(无钥匙便捷上车系统)工作原理　所谓免钥匙进入车内是指不需要操控钥匙进行解锁,只要驾驶人拉车门外拉手(点火开关钥匙放在口袋中)车门便自动解锁。图 4-56 所示为免钥匙进入车内工作原理,其流程如下:

1) 用手拉左前门外拉手时,左前门外拉手传感器 G605 向 J393 发送解锁请求信号。

2) J393 通过发射天线 R200 与 R201 向点火开关钥匙发射触发信号。

3) 点火开关钥匙被触发后,向 J393 发射钥匙密码信息,J393 通过中控锁及防盗接收天线 R47 与点火开关钥匙交换数据,J393 确认钥匙合法。

4) J393 通过舒适 CAN 总线发出全车解锁指令,4 个车门控制单元驱动电动机打开车门锁,全车解锁完成。

发射天线 R200 与 R201 分别安装在左前门与右前门内,主要作用是在免钥匙进入车内时发射信号触发钥匙,其全称为"智能进入启动装置天线"。

同理,当驾驶人将车辆熄火关好车门后,用手轻压一下车门外拉手时全车即可上锁,无须操控点火开关钥匙锁车。

(5) 有钥匙进入车内工作原理　有钥匙进入车内的工作原理参见图 4-56,车钥匙的结

项目四 电控安全系统检测与维修

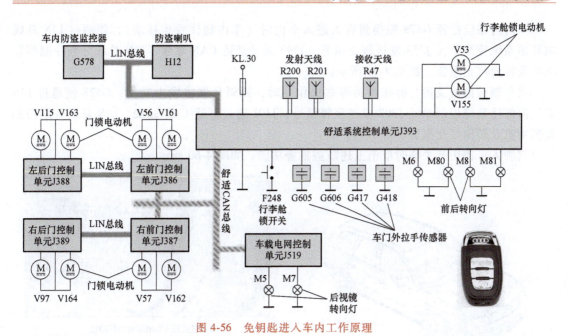

图 4-56 免钥匙进入车内工作原理

构如图 4-57 所示。当驾驶人接近车辆并准备进入车辆时,按下点火开关钥匙的全车解锁键,全车解锁。其工作过程如下:

1) 按下点火开关钥匙全车解锁键,点火开关钥匙向舒适系统控制单元 J393 发送请求解锁信号。

2) J393 通过中控锁及防盗接收天线 R47 与点火开关钥匙交换数据,J393 确认点火开关钥匙合法。

3) J393 通过舒适 CAN 总线发出全车解锁指令,4 个车门控制单元驱动电动机打开车门锁,全车解锁完成。

(6) 车辆报警工作原理 奥迪汽车的报警系统组成如图 4-58 所示,主要由车内防盗监控器 G578 控制单元(超声波传感器)及报警喇叭组成。当 4 个车门及前、后机盖同时关闭并上锁后,车辆便进入防盗报警状态。

车内防盗监控器 G578 控制单元位于车内顶部天窗操作面板内,G578 内有 3 个超声波传感器和 1 个倾斜传感器,超声波传感器用来监控车内物体位置是否发生变化,倾斜传感器用来监控车辆水平方向是否发生变化。其工作原理如下:

图 4-57 汽车钥匙基本结构　　图 4-58 奥迪汽车的报警系统组成

137

车内防盗监控器 G578 扫描到有人进入车内时（车内物体发生移动），便通过 LIN 总线向舒适系统控制单元 J393 发送报警信号，J393 通过舒适 CAN 总线、LIN 总线分别控制报警喇叭及转向灯光报警，如图 4-59 所示。

当车辆被拖运或进行拆卸轮胎等非法作业时，倾斜角度将发生变化，G578 便通过 LIN 总线向舒适系统控制单元 J393 发送报警信号，J393 通过舒适 CAN 总线、LIN 总线分别控制报警喇叭及转向灯光报警。

驾驶人可使用开关临时取消上述防盗报警功能，如图 4-60 所示。

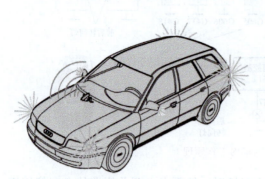

图 4-59 奥迪汽车报警方式

▶ 可通过按钮A关闭车内监控功能
▶ 可通过按钮B关闭防拖车监控功能

图 4-60 奥迪汽车内监控功能及防拖车监控功能按钮

【任务实施环境】

1）理实一体化教室授课，每个学习小组 1 个标准工位。

2）每个工位配轿车（丰田卡罗拉）1 辆、解码器 1 台、万用表 1 块及各种导线、电工常用的各种钳子、螺钉旋具等。

3）每组配有丰田卡罗拉轿车维修手册 1 套。

【任务实施步骤】

1. 确认故障现象

车门可以正常上锁，但防盗报警系统不工作，确认防盗报警系统有故障。

2. 故障检测

丰田卡罗拉轿车防盗报警系统原理图如图 4-61 所示，防盗报警系统的部件位置如图 4-62 所示，检测步骤如下：

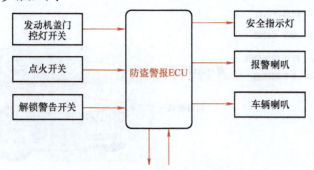

图 4-61 丰田卡罗拉轿车防盗报警系统原理图

项目四 电控安全系统检测与维修

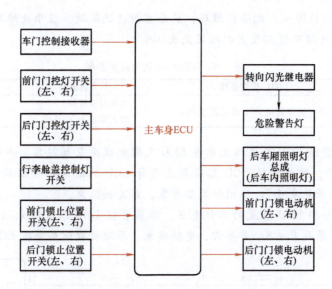

图 4-61　丰田卡罗拉轿车防盗报警系统原理图（续）

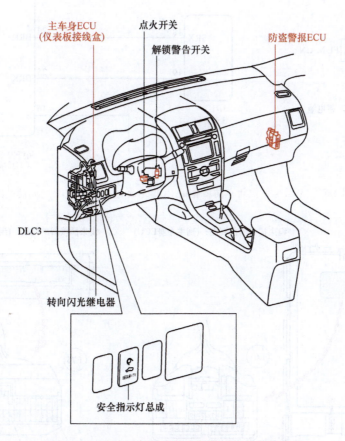

图 4-62　丰田卡罗拉轿车防盗报警系统的部件位置

1）确定门锁控制系统和遥控门锁控制系统工作正常。
2）检查熔断器和继电器。

3）用解码器读故障码，删除故障码，然后重新读故障码，显示故障码为 B1269（防盗 ECU 通信中止）。故障码信息及实测结果见表 4-6。

表 4-6 故障码信息及实测结果

DTC 编号	DTC 检测条件	故障部位	实测故障码
B1269	不能与防盗警报 ECU 通信超过 10s	线束和插接器 防盗警报 ECU 总成	

4）检测防盗警报 ECU 总成与主车身 ECU 之间的线束及插接器。丰田卡罗拉轿车防盗电路如图 4-63 所示，防盗警报 ECU 总成与主车身 ECU 的线束插接器端子如图 4-64 所示，测试标准及实测结果见表 4-7。实测结果若异常，则更换线束。

5）检测防盗警报 ECU 总成的工作电压。防盗警报 ECU 总成线束端子如图 4-65 所示，测试标准及实测结果见表 4-8。若异常，更换线束，否则更换防盗警报 ECU 总成。

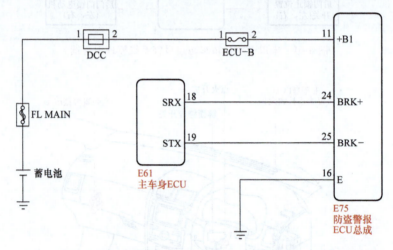

图 4-63 丰田卡罗拉轿车防盗警报 ECU 总成与主车身 ECU 之间的电路

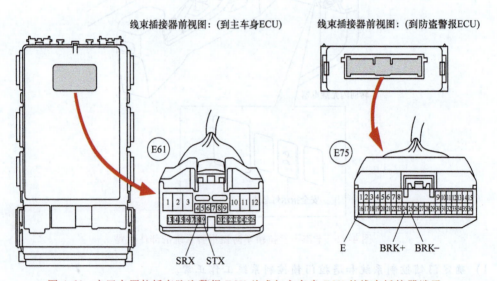

图 4-64 丰田卡罗拉轿车防盗警报 ECU 总成与主车身 ECU 的线束插接器端子

项目四 电控安全系统检测与维修

表4-7 丰田卡罗拉轿车检查防盗警报ECU总成与主车身ECU的线束插接器端子测试标准及实测结果

检测仪连接	条件	规定状态	实测结果
E75-24(BRK+)-E61-18(SRX)	始终	<1Ω	
E75-25(BRK-)-E61-19(STX)	始终	<1Ω	
E75-24(BRK+)-车身搭铁	始终	≥10kΩ	
E75-25(BRK-)-车身搭铁	始终	≥10kΩ	
E75-16(E)-车身搭铁	始终	<1Ω	

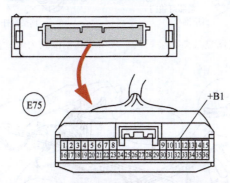

图4-65 丰田卡罗拉轿车防盗警报ECU总成线束端子

表4-8 丰田卡罗拉轿车检查防盗警报ECU总成工作电压测试标准及实测结果

检测仪连接	条件	规定状态	实测结果
E75-11(+B1)-车身搭铁	始终	11~14V	

任务三 电控前照灯系统检测与维修

任务导入

现有丰田卡罗拉轿车前照灯光束高度自动控制系统不工作（警告灯不亮），请对系统进行故障诊断，以确定故障部位，进而排除故障。

相关知识

一、计算机控制的内藏式前照灯

配备内藏式前照灯系统的轿车在不用前照灯时，便将前照灯隐藏在前照灯盖门的后面，当灯光开关置于HEAD档时，前照灯盖门开启。前照灯盖门有的是用电动机开闭，有的是用真空推杆开闭。

1. 美国克莱斯勒公司汽车采用的真空操纵内藏式前照灯系统

该系统是利用真空作为动力开闭前照灯盖门的系统，用了一个带有真空分配阀的灯光开关，由真空推杆开闭前照灯盖门，如图4-66所示。当灯光开关在OFF档时，发动机的真空使前照灯盖门保持关闭；当灯光开关置于HEAD档时，真空分配阀使真空推杆通大气，真空推杆失去真空，推杆上的弹簧将前照灯盖门开启。也就是说，此前照灯盖门的控制方法是由真空关闭盖门，由弹簧开启盖门。

在发动机不工作或真空度不足时，要由真空罐储存的真空维持前照灯盖门的关闭。系统中还设有一个供系统失灵时手动开启盖门用的旁通阀，如图4-67所示。

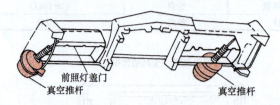

图4-66 美国克莱斯勒公司汽车采用的真空操纵内藏式前照灯系统

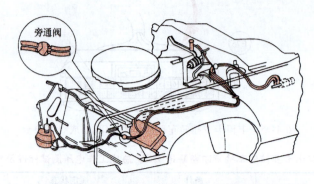

图4-67 系统失灵时手动开启盖门用的旁通阀

2. 美国克莱斯勒公司汽车采用的电控单元控制内藏式前照灯系统

美国克莱斯勒公司汽车采用的电控单元控制内藏式前照灯电路如图4-68所示，车身电控单元接收灯光开关和前照灯闪光超车开关的输入信号。当打开车灯开关时，车身电控单元便接收到要使前照灯亮起的信号。为了打开前照灯盖门，车身电控单元由L50输出线为开盖门继电器（上）励磁线圈供电，使开盖门继电器动断触点动作（图中向下闭合），使盖门电动机上端搭铁，于是电动机打开盖门，其电路为蓄电池正极→灯开关→输出线L11→关盖门继电器的动断触点→盖门电动机→开盖门继电器→搭铁。

当关闭车灯开关时，车身电控单元由L51输出线为关盖门继电器（下）励磁线圈供电，使关盖门动断触点动作（图中向上闭合），盖门电动机下端搭铁，于是电动机关闭盖门，其电路为：由电动门锁继电器提供电源正极→开盖门继电器动断触点→盖门电动机→关盖门继电器→搭铁。

二、前照灯自动变光系统

普通车辆在夜间会车时，驾驶人通过变光开关将远光灯变成近光灯，以防止对面驾驶人眩目。有些车辆为了减小安全隐患，提高车辆的安全性能，在前照灯电路中采用了自动变光系统。该系统由以下主要部件组成：

1) 光电管及放大器单元（感光器）。

2) 灵敏度调节器。

项目四 电控安全系统检测与维修

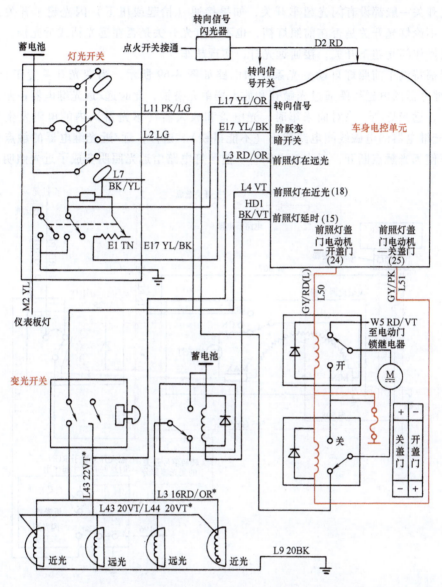

图 4-68 美国克莱斯勒公司汽车采用的电控单元控制内藏式前照灯电路

3）远、近光继电器。
4）变光开关。
5）前照灯闪光超车继电器。

光电管及放大器单元一般装在后视镜支架上，也有的安装在前中网与散热器之间，用来感应对面汽车的光线。灵敏度调节器装在灯光开关上，或装在灯光开关附近，驾驶人通过旋转灵敏度调节器便能调节前照灯自动变光系统的灵敏度。若灵敏度调节得高，则前照灯便早些（迎面车辆离得较远）由远光变近光。若灵敏度调节得低，则要等到迎面车辆离得很近时前照灯才能由远光变成近光。一般在灵敏度调节器上设有手动变光档位，当置于此档位时，自动变光系统则回到普通的手动变光开关操作，实现远光与近光的变换。

用来实现变光的远/近灯光继电器是一只单臂双位继电器。

变光开关一般都设有闪光超车开关，如果接通（抬起或压下）闪光超车开关，则远光灯将亮。不论灯光开关是否在前照灯档，也不论灯光开关是否在远光档或近光档，驾驶人都可以直接操作闪光超车开关，接通远光灯，实现超车。

美国福特汽车前照灯自动变光系统的电路如图 4-69 所示。当变光开关置于自动档时，远/近光继电器的电磁线圈通过光敏管和放大器单元搭铁，此时远/近光继电器控制远光灯的触点闭合，远光灯亮。当对面来车时，光电管和放大器（感光器）内的电阻发生变化，使得远/近光继电器的电磁线圈电路截止（不能搭铁）。这样，远/近光继电器的触点臂在弹簧的作用下使远光触点断开，近光触点闭合，前照灯电路由远光照明变成了近光照明。

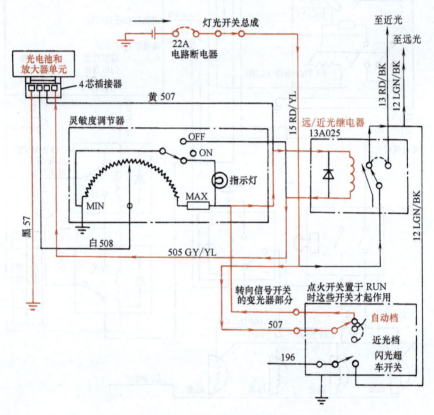

图 4-69　美国福特汽车前照灯自动变光系统的电路

当会车结束时，光电管和放大器单元使远/近光继电器的电磁线圈再次搭铁，远/近光继电器的近光触点断开、远光触点闭合，前照灯电路由近光照明回到了远光照明。

三、前照灯自动开灯/延时关灯系统

前照灯自动开灯/延时关灯系统有两种功能：一个是当环境亮度暗到预定程度时，自动使前照灯亮起；另一个是当汽车停车熄火后，能使前照灯保持亮一段时间，为驾驶人离开黑暗的场地提供照明。

前照灯自动开灯/延时关灯系统由光电管和放大器单元、功率继电器和延时调节器（延时继电器）等组成。光电管和放大器（感光器）用来感受外界光线的亮度，一般装在仪表里面。美国通用汽车公司汽车仪表板内的光电管和放大器单元如图 4-70 所示。

项目四 电控安全系统检测与维修

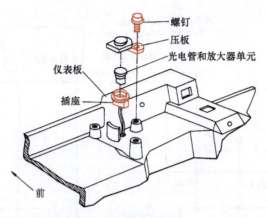

图 4-70 美国通用汽车公司汽车仪表板内的光电管和放大器单元

1. 前照灯自动开灯/延时关灯系统的电路

美国通用汽车公司汽车前照灯自动开灯/延时关灯系统的电路如图 4-71 所示，其工作原理如下。

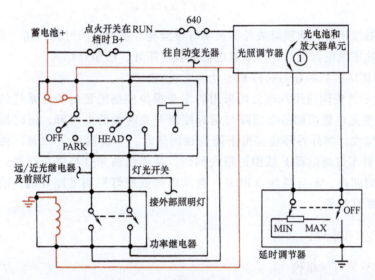

图 4-71 美国通用汽车公司汽车前照灯自动开灯/延时关灯系统的电路

（1）自动开灯模式　一般来说，灯光开关要在 OFF 档、点火开关要在 RUN 档。当环境亮度降低时，光电管内的电阻值增大，当光电管电阻值增大到预定值时，光电管和放大器单元使功率继电器的电磁线圈通电，功率继电器的动合触点闭合，从而使前照灯和外部照明灯亮。自动开灯时的电流方向如图 4-72 所示。

（2）延时关灯模式　延时调节器是一个电位计，利用电位计发信号给光电管和放大器单元，驾驶人离开汽车前可以用延时调节器设定前照灯继续照明时间的长短。延时调节器多数安装在车灯开关上，有的装在仪表板上。

当关闭点火开关后，由点火开关到光电管和放大器单元的电源线 640 便断开。这时，通过延时调节器的闭合，启动了光电管和放大器单元内部的定时电路，由灯光开关到光电管和放大器单元的电源线通过光电管和放大器单元内的定时电路继续给功率继电器供电，使功率

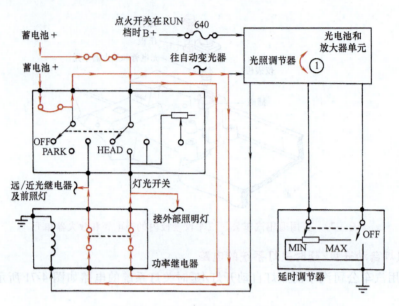

图 4-72　自动开灯时的电流方向

继电器的触点继续闭合，前照灯或外部照明灯继续亮。当预定的时间一到，光电管和放大器单元便停止给功率继电器供电，功率继电器的触点断开，前照灯熄灭。

2. 由车身模块控制的延时关灯系统

图 4-73 所示为美国通用汽车公司采用的车身模块控制的延时关灯系统的电路。车身模块（BCM）感受光电管两端的电压降与延时控制开关两端的电压降，延时控制开关的电阻与光电管串联接线。当外界环境亮度下降到预定值时，车身模块（BCM）便接通前照灯继电器 G 线圈和驻车灯继电器 F 线圈的搭线回路，从而使前照灯与驻车灯亮。在关闭点火开关之后的规定时间内，车身模块（BCM）继续维持前照灯照明电路导通，前照灯亮，规定时间一到，前照灯熄灭。

四、放电式前照灯

1. 放电式前照灯的结构

放电式前照灯采用了低能耗、高亮度的高效气体放电灯泡，由于灯泡内充有氙气，因此也称为氙气前照灯。与普通的前照灯相比，放电式前照灯照明范围更广，而且放电式前照灯产生的光与太阳光相似，夜视能力有所提高。放电式前照灯的安装位置及结构如图 4-74 所示。

2. 放电式前照灯的工作原理

放电式前照灯的工作原理如图 4-75 所示，放电式前照灯的电控单元将直流电（9~16V）转换为交流电（25000V），并将交流电作用在灯泡两端，用来激励灯泡中的氙气。氙气通电后，灯泡内温度上升，水银汽化并放出电弧。由于水银的汽化和发射的电弧，灯泡内温度继续上升，金属碘化物汽化分解，金属原子放电，产生光线。

当放电式前照灯电控单元输入的电压不能保持正常工作电压（9~16V）时，电控单元会自动停止给灯泡供电，以保护灯泡。当输入电压恢复正常后，电控单元自动给灯泡供电，灯泡正常工作。

项目四　电控安全系统检测与维修

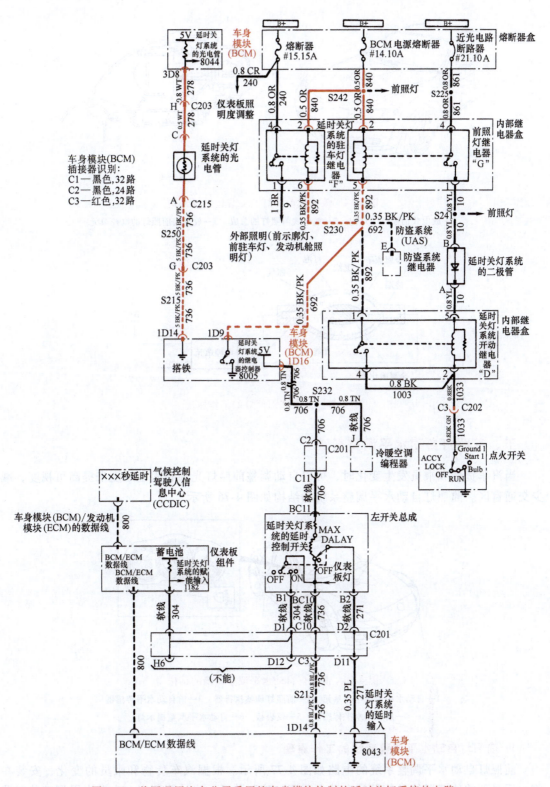

图 4-73　美国通用汽车公司采用的车身模块控制的延时关灯系统的电路

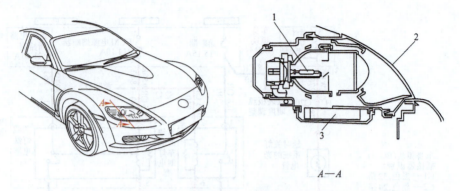

图 4-74 放电式前照灯的安装位置及结构

1—放电式前照灯的灯泡　2—放电式前照灯的总成　3—放电式前照灯的电控单元

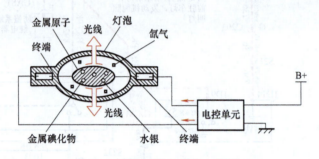

图 4-75 放电式前照灯的工作原理

五、前照灯自动水平调整系统

当汽车货物和乘员发生变化时，可以自动调整前照灯光轴和固定角度来提高可视度，减少交通盲区。前照灯自动水平调整系统的结构如图 4-76 所示。

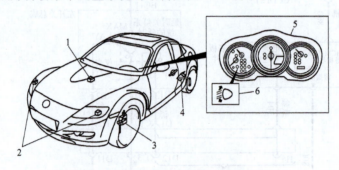

图 4-76 前照灯自动水平调整系统的结构

1—自动水平调整电控单元　2—前照灯调整执行器　3—前自动水平传感器
4—后自动水平传感器　5—仪表板　6—自动水平调整提示灯

1. 前照灯自动水平调整系统的工作原理

前照灯自动水平调整系统的电路如图 4-77 所示。根据汽车货物和乘员的变化，安装在前、后悬架的传感器传送信号到自动水平调整控制单元。当检测到来自自动水平调整传感器的两次输入信号之间存在差异时，自动水平调整电控单元确定汽车形态，并计算出光轴调整量,然后向前照灯自动水平调整系统调整执行器输入命令信号。

当前照灯自动水平调整系统检测到汽车在 0～180km/h 的车速内匀速行驶 3s,而且前照灯开关与点火开关均开启时,就可以计算出在这段时间内汽车姿态的平均值,并调整光轴。当自动水平调整电控单元检测到汽车车速超过 180km/h 时,光轴将固定,直到车速降到 180km/h 以下时才恢复自动水平调整功能。

2. 前照灯自动水平调整系统使用注意事项

1)点火开关和车前灯开关都处于 ON 位置时,听到前照灯水平调整器运行几秒钟是正常的,说明前照灯自动水平调整系统在确定系统工作条件。

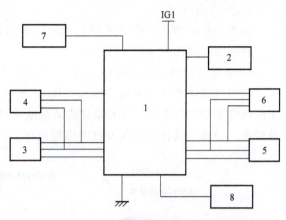

图 4-77 前照灯自动水平调整系统的电路

1—自动水平调整电控单元 2—动态稳定控制系统(DSC/CM) 3—后自动水平传感器 4—前自动水平传感器 5—前照灯水平调整执行机构(LH) 6—前照灯水平调整执行机构(RH) 7—自动水平调整指示灯 8—前照灯开关

2)点火开关置于 ON 位置时,自动水平控制模块检查自动水平调整指示灯灯泡,并使灯泡亮 3s,以此来表示没有故障。

3)自动水平调整电控单元检测到故障时,故障报警功能开始运行(表 4-9),使指示灯亮,以提醒驾驶人出现故障。

表 4-9 前照灯自动水平调整系统故障报警功能

故障部位	报警条件	应急程序	指示灯	取消条件
自动水平传感器	信号故障	在 5s 内不高于 4V 的信号电压被检测到 10 次以上	如果所指位置比初始位置高,就将车灯放回初始位置;如果所指位置比初始位置低,就保持在故障位置	亮①	正常工作 5s 或者点火开关关闭后重新置于 ON 位置
	电源供给故障	5s 内低于 0.25V 或高于 4.75V 的电源供给电压被检测到 10 次以上		亮	
自动水平调整电控单元		自动水平调整电控单元检测到故障	重新启动自动水平电控单元的微处理器	亮	点火开关关闭后重新置于 ON 位置
DSC HU/CM		检测到车速高于或等于 180km/h	在检测到的 180km/h 车速或更高车速的位置固定光轴角度	未亮	检测到低于 180km/h 的车速
电源电压	过高的电源电压	电源电压高于 18.5V	在检测到的过高电压的位置固定车灯	亮	检测到低于 17.5V 的电压或者点火开关关闭后重新置于 ON 位置

① 指示灯仅在任一故障连续被检测到 2 次时亮。

六、前照灯清洁系统

1. 自动操作

在点火开关和前照灯开关同时打开的情况下,当开启风窗玻璃清洁开关时,前照灯清洁电动机开始工作。风窗玻璃清洁开关每打开 5 次,前照灯清洁器工作 1 次。

2. 手动操作

在点火开关和前照灯开关都在 ON 位置的情况下,如果风窗玻璃清洁开关连续打开 2 次,则前照灯清洁电动机工作。

3. 前照灯清洁系统的工作过程

前照灯清洁系统的组成及结构如图 4-78 所示。前照灯清洁器喷嘴被一个弹簧拉住,处于前照灯清洁执行器内。当前照灯清洁泵电动机工作时,液体压力上升,前照灯清洁执行器被推出,导致喷嘴弹出前保险杠并喷射液体。

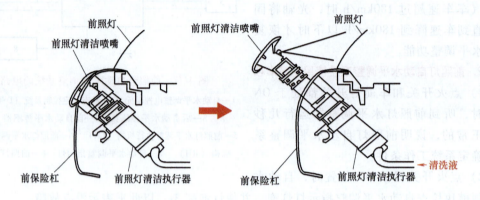

图 4-78 前照灯清洁系统的组成及结构

七、自适应前照灯(AHL)

自适应前照灯(Adaptive Head Light,AHL)也称为随动前照灯。在车辆转弯时,自适应前照灯可使近光灯和远光灯在一定范围内左右摆动,根据转弯行驶情况不断调整摆动角度,最大转角为 15°。自适应前照灯在车辆转弯时改善了驾驶人的视野,同时能防止对面来车使驾驶人眩目。

当汽车转弯时,车辆沿圆形轨道前进。该圆形轨道通过车轮的移动和前车轮的角度位置确定。前照灯明暗界限的交界点不得位于圆形轨道的左侧,以免使对面来车驾驶人眩目,如图 4-79 所示。

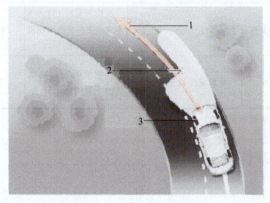

图 4-79 自适应前照灯的光线形状

1—预期的圆形轨道 2—明暗界限的交界点 3—转向角

1. 自适应前照灯控制开关

图 4-80 所示为宝马 E60 汽车的车灯开关,当开关转到位置 A 时,自适应前照灯才能工作。

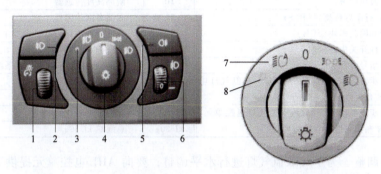

图 4-80 宝马 E60 汽车的车灯开关

1—组合仪表照明灯开关　2—前雾灯开关　3—指示灯　4—驻车灯和近光灯开关　5—后雾灯开关　6—手动前照灯光线水平调整开关　7—自适应前照灯和自动灯控制的开关位置　8—自适应前照灯和自动控制工作指示灯

2. 宝马 E60 汽车自适应前照灯系统的组成及工作原理

宝马 E60 汽车自适应前照灯的系统电路如图 4-81 所示,电路说明见表 4-10。

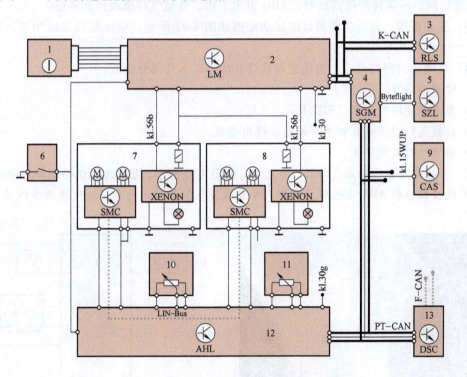

图 4-81 宝马 E60 汽车自适应前照灯的系统电路

3. 宝马 E60 汽车自适应前照灯系统各元件的功能

(1) 自适应前照灯电控单元　AHL 电控单元是双氙气灯垂直和水平调整的主控单元。步进电动机控制器控制双氙气灯步进电动机。

表 4-10　宝马 E60 车自适应前照灯的系统电路说明

序号	说明	序号	说明
1	灯开关	9	便捷上车及起动系统(CAS)
2	灯光模块(LM)	10	前部高度传感器
3	晴雨/行车灯传感器(RLS)	11	后部高度传感器
4	安全和网关模块(SGM)	12	自适应前照灯(AHL)电控单元
5	转向柱开关中心(SZL)	13	动态稳定控制(DSC)电控单元
6	制动信号灯开关	Byteflight	Byteflight(BMW 安全总线系统)
7	包括步进电动机控制器(SMC)、双氙气灯电控单元、氙气灯和远光灯的左旋转模块	F-CAN	底盘 CAN
		K-CAN	车身 CAN
8	包括步进电动机控制器、双氙气灯电控单元、XENON 和远光灯的右旋转模块	PT-CAN	动力传动系统 CAN
		kl. 30g	总线端 kl. 30g

（2）水平调整　为了对双氙气灯进行水平调整，要向 AHL 电控单元提供下列信号：

1）转向角。

2）速度。

3）偏航角速率。

正常行驶状况下，在车速不高于约 40km/h 时，AHL 电控单元只根据转向角参数控制水平调整。当车速高于 40km/h 时，AHL 电控单元还要根据偏航角速率信号控制水平调整。当车辆过度转向、不足转向或偏航时，AHL 退出工作，双氙气灯模块回其零位。

（3）摆动范围　自适应前照灯的摆动范围如图 4-82 所示，前照灯向车辆中部的摆动角度为 8°，向外侧的摆动角度为 15°。

（4）自适应前照灯总成　自适应前照灯总成由以下几部分组成：

1）位置传感器。

2）步进电动机控制器（SMC）。

3）双氙气灯模块垂直和水平调整步进电动机。

4）双氙气灯电控单元。

（5）步进电动机控制器（SMC）的功能　如图 4-83 所示，步进电动机控制器的功能如下：

1）接收和分析 AHL 电控单元通过 LIN 总线发送的基准运行和目标位置命令以及诊断请求的信息。

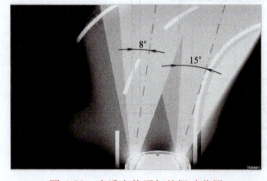

图 4-82　自适应前照灯的摆动范围

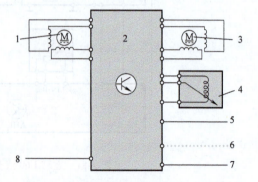

图 4-83　步进电动机控制器（SMC）的功能

1—AHL 步进电动机　2—步进电动机控制器（SMC）
3—LWR 步进电动机　4—位置传感器
5—左/右设码线脚　6—LIN 总线　7—供电+　8—搭铁

项目四　电控安全系统检测与维修

2）步进电动机控制器控制和检查 AHL 步进电动机和前照灯光线水平调整 LWR 步进电动机。

3）检测双氙气灯模块的位置。

4）向 AHL 电控单元反馈双氙气灯模块的位置信息。

5）向 AHL 电控单元反馈诊断数据信息。

（6）制动踏板开关　制动踏板开关的信号被用于前照灯光线水平调整 LWR。

（7）转向角传感器　转向角传感器信号的计算值被用于双氙气灯模块的摆动。

在装备主动转向控制设备的车辆上，总转向角传感器负责确定车轮转向角。

（8）晴雨/行车灯传感器（RLS）　RLS 的信号用于在自动车灯控制 AFC 功能下双氙气灯的接通。

（9）动态稳定控制（DSC）电控单元　DSC 向 AHL 提供偏航角速率、转向角和速度信号。

【任务实施环境】

1）理实一体化教室授课，每个学习小组 1 个标准工位。

2）每个工位配轿车（丰田卡罗拉）1 辆、解码器 1 台、万用表 1 块及各种导线、电工常用的各种钳子、螺钉旋具等。

3）每组配有丰田卡罗拉轿车维修手册 1 套。

【任务实施步骤】

1. 确认故障现象

打开点火开关，故障现象是前照灯光束高度自动控制系统不工作（警告灯不亮），但前照灯近、远光灯正常工作，组合仪表工作正常，表示前照灯光束高度自动控制系统有故障。

2. 故障检测

丰田卡罗拉轿车前照灯光束高度自动控制系统由前照灯光束高度调整 ECU 控制。该 ECU 通过后高度控制传感器检测车辆姿态，并通过组合仪表检测车速；然后，ECU 根据这些信息控制前照灯光束高度调整电动机，以改变前照灯光束高度。

丰田卡罗拉轿车前照灯光束高度自动控制系统的原理图如图 4-84 和图 4-85 所示，图中部件名称见表 4-11。其检测步骤如下：

1）用解码器检查 CAN 通信系统，检测结果为正常。

2）用解码器读故障码，没有读到故障码。

3）确认是否进入失效保护状态。当高度控制传感器电源电压过高或过低时（标准是约 5.0V），系统进入失效保护状态。经检查，系统没有进入失效保护状态。

4）检测前照灯光束高度控制执行器电路。用解码器进行主动测试，结果见表 4-12。若结果正常，则进入下一步；否则，检测前照灯光束高度调整电动机与前照灯光束高度自动控制系统 ECU 之间的线束。

5）检测前照灯光束高度调整 ECU 线束端子，测试标准及结果见表 4-13。若没有检测到蓄电池电源电压，则检测 ECU-IG No.1 熔断器。若测试结果符合标准，则更换前照灯光束高度调整 ECU 总成。

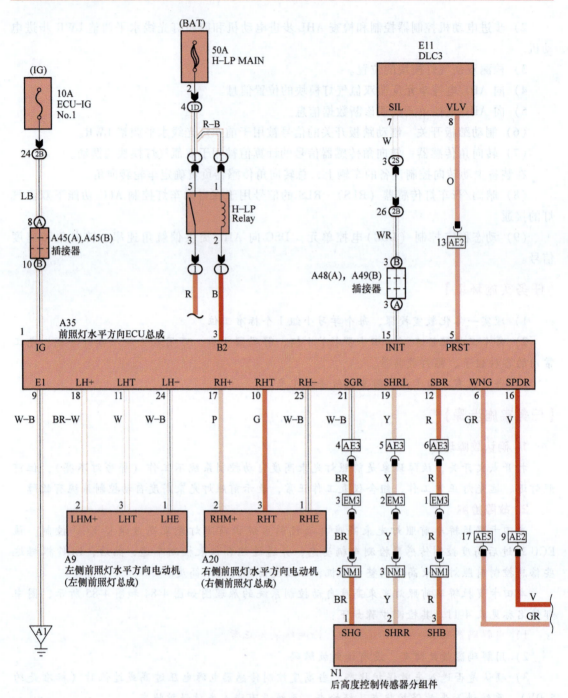

图 4-84　丰田卡罗拉轿车前照灯光束高度自动控制系统的原理图（一）

表 4-11　丰田卡罗拉轿车前照灯光束高度自动控制系统的原理图说明

代号	名称	代号	名称
E11	诊断接口	A20	右侧前照灯束高度调整电动机
H-LP Relay	前照灯继电器	N1	后侧高度控制传感器
A35	前照灯光束高度调整 ECU	E46	组合仪表
A9	左侧前照灯光束高度调整电动机	A51（A）、A66（B）	制动器、执行器总成（防滑 ECU）

项目四 电控安全系统检测与维修

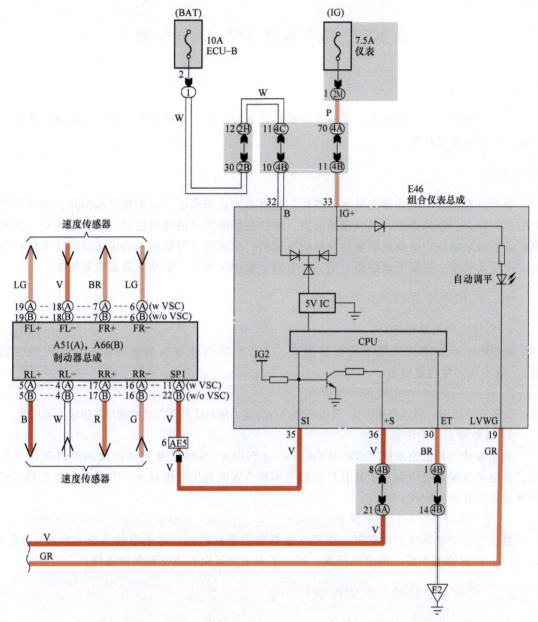

图 4-85 丰田卡罗拉轿车前照灯光束高度自动控制系统的原理图（二）

表 4-12 丰田卡罗拉轿车前照灯光束高度自动控制系统主动测试标准及结果

检测仪显示	测试部位	控制范围	实测结果
Drive The Leveling Motor	高度调整电动机	UP/OFF	
		DOWN/OFF	

表 4-13 丰田卡罗拉轿车前照灯光束高度调整 ECU 线束端子测试标准及结果

检测仪连接	条件	规定状态	实测结果
A35-1(IG)-车身搭铁	点火开关置于 ON(IG) 位置	11~14V	
A35-1(IG)-车身搭铁	点火开关置于 OFF 位置	<1V	
A35-9(E1)-车身搭铁	始终	<1Ω	

任务四　电子导航系统检测与维修

任务导入

现有一辆丰田卡罗拉轿车，当按下导航仪开关时，导航系统不能工作，请对导航系统进行故障诊断并排除故障。

相关知识

当今世界各国汽车的保有量逐年增加，给道路交通带来了严重的堵塞和拥挤，造成了巨大的经济损失。修建道路，加大流通能力，虽然是解决交通拥挤问题的一个重要途径，但仅靠扩建公路来解决交通拥挤堵塞问题是很有限的。车辆电子导航技术的应用提高了车辆行驶的安全性及效率，提高了道路通行能力，有利于缓解车流量、平衡交通调度及管制。

一、汽车电子导航系统的特点

1. 实现实时位置测定

由于电子导航系统采用了检测精度高、工作稳定性较好的角速度传感器（陀螺传感器），能实现实时位置测定。

2. 具有自动检索与图像放大等功能

装备 CD-ROM（只读存储器），采用声控进行导航，使系统具有自动检索与图像放大等功能。

3. 自动修正车辆位置

采用全球卫星定位系统（Global Positioning System，GPS）及先进的检测手段和传播技术，在电子导航系统中引入了具有自动修正车辆位置的地图匹配技术，并开发出与之相匹配的高精度位置检测软件。

4. 是交通行业控制管理的重要组成部分

目前电子导航系统正在实现与地面交通管理网络的联机，电子导航系统是汽车-道路-人-环境-交通管理系统中的重要分支，加快了未来交通向智能化发展的速度。

二、汽车电子导航系统的组成

电子导航是借助全球卫星定位系统（GPS）及车载电子地图，在用户输入要到达的目的地后，自动地在电子地图上给用户规划出到达目的地的最佳行车路线，并配有专业导航语言及文字导航信息，引导用户正确航行至目的地。

要实现电子导航功能必须满足两个基本条件：一个是有全球卫星定位系统（GPS）的终端设备，即能接收和处理卫星信号；另一个是要有电子地图。

汽车电子导航系统由 GPS 接收天线、GPS 信号接收器、电子导航电控单元、液晶显示器、位置检测装置（绝对位置检测和相对位置检测）等组成，如图 4-86 所示。电子导航系统根据汽车的不同位置进行分类检测，绝对位置的检测采用全球卫星定位系统（GPS），相对位置的检测采用方向传感器（如地磁传感器和光纤陀螺仪），并利用轮速传感器测量车辆的行驶距离。汽车电子导航系统的工作原理框图如图 4-87 所示。

项目四 电控安全系统检测与维修

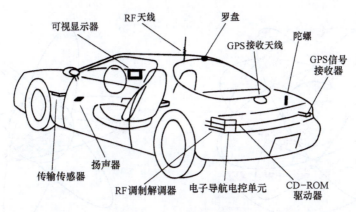

图 4-86 汽车电子导航系统的组成

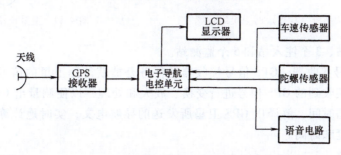

图 4-87 汽车电子导航系统的工作原理框图

1. 全球卫星定位系统（GPS）

全球卫星定位系统（GPS）与导航是两个不同的概念，GPS 可以说是一种定位技术，而导航则是利用这种技术创造出来的一种产品，所以说导航是在 GPS 的基础上发展起来的。全球卫星定位系统（GPS）由卫星定位系统、地面监控系统及 GPS 信号接收器三部分组成。

全球卫星定位系统（GPS）具有测量、测绘、精确时间和定位导航三大功能。

（1）卫星定位系统 卫星定位系统共由 24 颗卫星组成，如图 4-88 所示，这些卫星位于 20000km 的高空，并均匀分布在 6 个轨道上，每 12h 绕地球转 1 周。理论上，这种布置可以使地球上的每一点都至少与 4 颗卫星进行无线联系。

只要接通电子导航系统，那么电子导航系统就会试图接收卫星信号。卫星定位原理如图 4-89 所示，要想精确定位，至少需要接收到 3 颗卫星的信号，只有这样，才能计算出地球上任意一点的接收器位置。卫星每毫秒向地面发送一次识别码、位置和高精度时间信号。GPS 信号接收器接收卫星数据，并通过与自身内部的高精度时间信号进行对比，以此来判断这些数据需要多长时间来传送。如果 GPS 信号接收器接收到至少 3 颗卫星的数据，那么它就可以计算出车辆的位置。

（2）地面监控系统 对于导航定位来说，GPS 卫星是一个动态已知点。卫星的位置是依据卫星发射的星历来描述卫星运动及其轨道的参数算得的。每颗 GPS 卫星所播发的星历是由地面监控系统提供的。卫星上的各种设备是否正确工作以及卫星是否一直沿着预定轨道运行，都要由地面设备进行监测和控制。地面监控系统的另一重要作用是保持各颗卫星处于同一时间标准（GPS 时间系统）。这就需要地面站监测各颗卫星的时间，求出时间差，然后由地面注入站发送给卫星，卫星再用导航电文发给用户设备。GPS 工作卫星的地面监控系

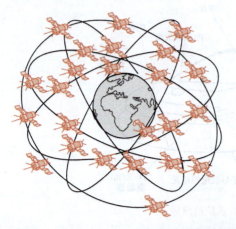 

图 4-88 卫星定位系统（GPS）的卫星组成图　　　图 4-89 卫星定位原理

统包括 1 个主控站、3 个注入站和 5 个监测站。

（3）GPS 信号接收器　GPS 信号接收器的任务是捕获待测卫星的信号，并跟踪这些卫星的运行，对所接收到的 GPS 信号进行变换、放大和处理，以便测量出 GPS 信号从卫星到接收器天线的传播时间，解译出 GPS 卫星所发送的导航电文，实时地计算出测站的三维位置，甚至三维速度和时间。

2. 自律导航

当汽车行驶在地下隧道、高层楼群、高架桥下、高山群间、密集森林等地段与 GPS 卫星失去联系而中断信号的瞬间，机内可自动导入自律导航系统。此时，车速传感器从汽车前进的速度中检测出车速脉冲（不同车型，车速脉冲值不同，要注意修正），通过汽车导航电控单元（ECU）的数据处理，从速度和时间中直接求出前进距离。陀螺传感器直接检测出前进方向的变化和行驶状态（即汽车前进的角速度变化值）。例如：汽车行驶在沟状山道、发夹式弯路、环状盘形桥、原地打滑雪道和轮渡过河等地段时，所有这些曲线距离与卫星导航的经、纬度坐标产生了误差，通过陀螺传感器的检测和微处理器的运算才能得到汽车正确的位置。

3. 地图匹配器

由 GPS 导航与自律导航（包括车速传感器和陀螺传感器）所测到的汽车坐标位置数据及前进的方向与实际行驶的路线轨迹在电子地图上都存在一定的误差。为修正这两者的误差，确保两者在电子地图上路线坐标相统一，必须采用地图匹配技术，即在导航系统控制电路中要增加一个地图匹配电路，对汽车行驶路线（各处传感器检测到的轨迹）与电子地图上的道路误差进行实时数字的相关匹配，从而做出自动修正。经过导航电控单元（ECU）的整理程序进行实时、快速处理，从而得到汽车在电子地图上指示出的正确位置路线。

由于有了汽车行驶中接收到的 GPS 信息、陀螺传感器检测到的正确前进方向、车速传感器检测出的前进距离这 3 组数据经过电子地图匹配器得到自动修正，从而完成了高精度导航。地图匹配器修正路线如图 4-90 所示。

4. 液晶显示器（LCD）

平板显示器发展趋势表明，薄膜晶体管有源矩阵液晶显示器（TFT AM LCD）是一个发

项目四 电控安全系统检测与维修

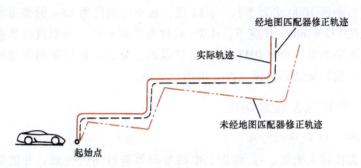

图 4-90 地图匹配器修正路线

展方向,因为它的每个像素都配置一个半导体开关器件来驱动,从而实现了高亮度视频图像显示,具有对比度好、扫描线多、视角宽和低反射等优点。

日本已把三基色(RGB)TFT AM LCD 作为导航用标准显示器。这种液晶显示器(LCD)由于视角宽、亮度高,得到广泛应用。

5. 罗盘、车速传感器和陀螺仪

罗盘传感器由一个励磁线圈和两个垂直的线圈缠绕在具有高磁通率的圆环磁铁上组成,它通过检测地球的磁场确定汽车的绝对行驶方向。

车速传感器可采用与 ABS 相同的轮速传感器。汽车转弯方向上的变化可以通过左、右车轮转速传感器的输出脉冲差进行检测。

在汽车导航系统中,通常使用气流率和光导纤维式陀螺仪。使用陀螺仪测定汽车转弯角速度是确定汽车行驶方向的另一种方法。

6. RF 调制解调器和 RF 天线

使用 RF 调制解调器和 RF 天线接收主控制中心发出的信息,同时可反控汽车,从而实现动态导航。通过 RF 调制解调器建立与交通信息系统(VICS)的联系,从而得到交通堵塞、道路障碍、施工、停车场情况以及交通规则变化等实时交通信息,使驾驶人做出快速反应,解决城市交通堵塞问题。

7. 关于 CPU 的选择

为满足汽车导航高精度、快速数据处理的要求,对导航电控单元(ECU)的 CPU,应选择 32bit(位)[或 64bit(位)]的嵌入式实时操作的 CPU。这是因为嵌入式 CPU 适合于过程控制,如实时操作处理,尤其是仿 PC 结构的嵌入式微处理器,它除具有嵌入式过程控制外还具有 PC 的丰富的软件支持,这对于高速行驶的汽车快速处理数据是非常适用的。

8. 关于系统的硬件和软件

根据图 4-87 所示框图的硬件配置,GPS 天线是工作频率为 1575.42MHz 的圆环形微带有源天线,其增益按系统总体增益分配确定。接收器采用 8 通道(或 12 通道)GPS 信号接收器。ECU 中选 32bit(位)的嵌入式 CPU。4 倍速的 CD-ROM、TET LCD 等市场都有 OEM 产品供选购。对于地图匹配器,可借鉴制导中的地图匹配原理和数字相关技术确定电路。陀螺传感器和车速传感器可以按技术要求选用成品。

关于汽车导航系统软件标准和统一规格,我国还没有公布。目前,地图的制作技术较为成熟,如中国科学院北京天文台根据北京全貌航片(约 2000 张)再叠加上北京地区实际行驶调查标记（著名场所1000多万个），分11层，最小比例尺为25m的街道地图。通过数字化仪、扫描仪，在PC Window环境下，ILWS软件为工作平台，分别进行数据采集、编辑等程序处理，生成数字地图模型（DMT），再通过叠加、分类、标记图例等过程得到一张电子地图并制成母盘，然后复制成只读光盘，供用户使用。

三、汽车电子导航系统的功能

1. 对目的地进行最佳路线检索

该系统可以直接输入地名、经/纬度、电话号码等进行路线检索，并能快捷地提供一条到达目的地的最佳路线，还能实时获得汽车自身所在位置和目的地的坐标，以及全部行驶的直线距离、速度、时间及前进方向。

2. 具有瞬时再检索功能

由于道路堵塞、路段施工或走错了路等意外情况，在系统所推荐的最佳路线行不通时，要有瞬时自动再检索功能，舍去因车辆堵塞、道路施工和走错路等而提供出新的路线可行性。因为该功能是在行驶中进行的，要求快速检索，所以CPU应具有高速运算能力。

3. 为检索方便，应提供丰富的菜单和记录功能

整个系统必须建立十分丰富的地名索引，应记录约1000万件住所地名，30万人口以上城市的电子地图应分10层表示，可以用街道、胡同、门牌号数检索。电话号码可根据不同局号、类别，应记录1100万件以上，提供比例尺为25m的街道增强型地图（还应留有用户自行设置电话号码的地址空间，供用户随时调用存取）。

4. 在适当时间内提供实时语音提示

为使驾驶人事先了解行驶中的路面变化情况，系统在适当时间内做出语音提示。例如：一般道路在300~700m之前，高速公路在2000m、1000m、500m之前（按当前行驶速度）分别向驾驶人说明前方路面情况及可更改的方向、十字交叉路口名称、高速公路分支点、进/出口、禁止左拐、禁止驶入的单行线等提示；同时，应有中、英文两种语音电路供选择。目前已有配备语音识别单元的系统，用语音来指导道路的检索。例如：用会话形式呼出"××区××街道××胡同"，电子地图上立即显示出汽车位置、到达目的地的时间、前进方向等信息。

5. 扩大十字路口周围建筑物和交通标志功能

凡行驶在交叉十字路口前300m处，高速公路进、出口前300m处，都要自动显示扩大了的十字路口附近的全画面图，指出汽车位置、交叉点的名称、到交叉点的距离、拐弯后的道路名称及方向。这种通过开窗程序自动表示交叉路口全画面的扩大图是汽车导航中的一项最主要的功能。

6. 扩展功能

为了及时了解路面车辆情况，系统设有多种扩展接口，以便与交通管理部门、邮电部门以及建筑部门的VICS、ATIS和IIS联网。

VICS是专门收集和处理各方面交通信息和停车场空缺的信息，从而不断生成新的信息的设施，并通过多路调频发射和在一般道路上设置的远红外光标发射信息，以及在高速公路上设置的无线电波光标发射信息。这3种手段提供道路上每一时刻的实时交通信息，然后由VICS的专用接收器接收，在电子地图上分3层方法显示，第1层用文字表示，第2层用图

形表示，第3层用图形表示。在地图画面上用红色和橙色线路的亮灭表示道路的堵塞和拥挤状况，用绿色线路表示没有汽车的道路（通畅的路线），从而供行驶的汽车回避堵塞和拥挤的路段，实现自动选择道路和无阻挡行驶。图4-91所示为交通信息通信系统框图。

现代汽车电子导航系统中使用了高速CPU，大容量的光盘系统、大屏幕的液晶显示器以及高速数字通信软件，使得汽车电子导航系统中的通信系统飞速发展。通信系统的操作系统嵌在ROM中，通过它可以直接上因特网，在电子地图画面上显示因特网信息，浏览万维网，收发电子邮件，进行文字处理，提供远程无线移动计算。

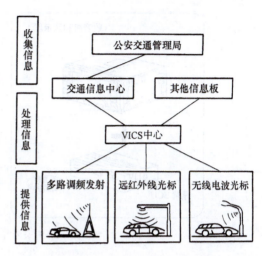

图4-91 交通信息通信系统框图

7. 电子导航系统和娱乐系统部件共用

随着汽车电子设备的迅速发展，许多复杂电路被集成到车辆结构中，如许多导航部件与娱乐设备集成为一体。电子导航系统中的导航信号接收器、控制系统、存储器、可视显示设备、声音设备可同时支持导航和娱乐。

集成收放机可设计成由AM/FM收音机、GPS、车载电话和寻呼信号共用的模式。为降低控制设备的复杂和不方便，可开发声音激发控制、可变结构转向盘控制和可变结构反馈显示器等控制方式。硬盘或内存卡等可用来作为外部存储器；同时，MP3播放器还可用来存储数字地图库和导航软件，也可用来播放音乐；内存卡可作为导航系统的存储设备，也可用于其他的移动办公设备。显示监视器可用于导航地图显示和商业TV台。类似的，扬声器可用于聆听引导指令、普通AM/FM广播和免提车载电话。

【任务实施环境】

1）理实一体化教室授课，每个学习小组1个标准工位。

2）工位配轿车（丰田卡罗拉）1辆、万用表1块及各种导线、电工常用的各种钳子、螺钉旋具等。

3）每组配有丰田卡罗拉轿车维修手册1套。

【任务实施步骤】

当电子导航系统出现故障时，首先要确认故障现象。然后，在开始检测前要做基础检测。

1. 基础检测

确认导航接收器总成内部没有进水（或者不会产生冷凝现象）。导航接收器总成有1个收音机和显示屏及1个导航ECU，如图4-92所示。

2. 检查导航接收器总成电源电路

丰田卡罗拉轿车导航接收器总成电源电路如图4-93所示，线束端子检测方法如图4-94

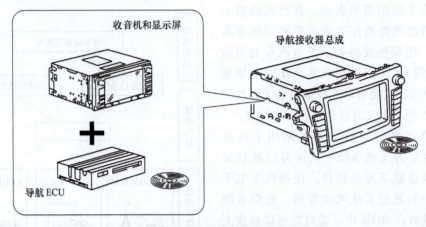

图 4-92　丰田卡罗拉轿车导航接收器总成

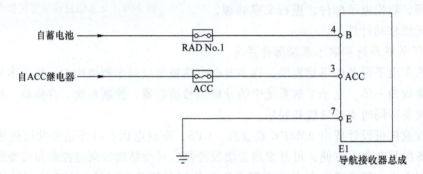

图 4-93　丰田卡罗拉轿车导航接收器总成电源电路

所示，检测标准及实测结果见表 4-14。

3. 导航接收器总成的检测

图 4-95 所示为丰田卡罗拉轿车导航接收器总成的通信电路，AVC-LAN 是 Audio Visual Communication Local Area Network（音频/视频通信局域网）的缩写，导航接收器总成内包含 1 个电阻器，以确保在 AVC-LAN 电路上进行通信。

丰田卡罗拉轿车导航接收器总成的检测如图 4-96 所示，检测标准及实测结果见表 4-15。

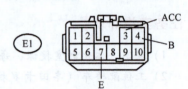

图 4-94　丰田卡罗拉轿车导航接收器线束端子检测方法

表 4-14　丰田卡罗拉轿车导航接收器线束端子检测标准及实测结果

检测仪连接	条件	规定状态	实测结果
E1-7(E)-车身搭铁	始终	<1Ω	
E1-4(B)-E1-7(E)	始终	11~14V	
E1-3(ACC)-E1-7(E)	点火开关置于 ON(ACC) 位置	11~14V	

表 4-15　丰田卡罗拉轿车导航接收器总成检测标准及实测结果

检测仪连接	条件	规定状态	实测结果
E26-9(TMX+)-E26-10(TXM-)	始终	60~80Ω	

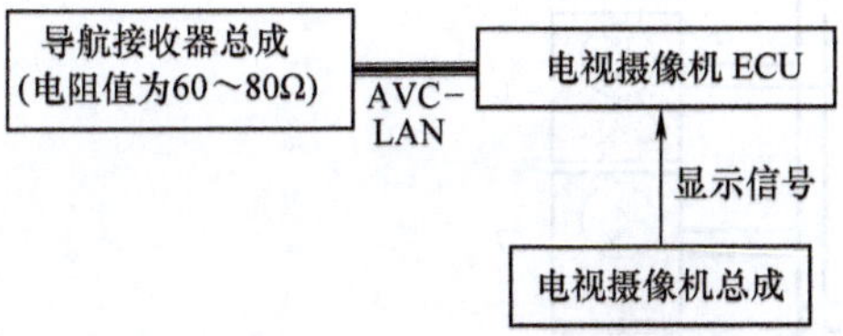

项目四 电控安全系统检测与维修

图 4-95 丰田卡罗拉轿车导航接收器总成的通信电路

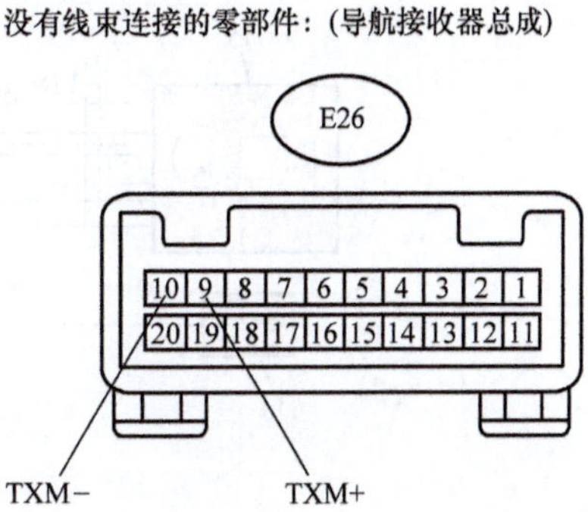

图 4-96 丰田卡罗拉轿车导航接收器总成的检测

知识拓展

汽车夜视系统认知

采用夜视系统的目的是提高驾驶的安全性。一些高档汽车采用了夜视系统。

宝马 E60 轿车采用的夜视系统如图 4-97 所示。该系统应用远红外线原理，在黑夜里不需要灯光照射的情况下，仪表板上的显示器上可以看清楚 300m 处路面上的行人（图 4-97），这个距离在灯光的照射下驾驶人是看不到的，因此极大地提高了驾驶安全性。

宝马 E60 轿车夜视系统的原理如图 4-98 所示，图中元件说明见表 4-16。夜视系统的组成及原理如下：

图 4-97 宝马 E60 轿车采用的夜视系统

表 4-16 宝马 E60 轿车夜视系统原理图中元件说明

序号	说明	序号	说明
1	电子夜视装置（NVE）	13	CD 光盘转换匣（CDC）
2	便捷上车及起动系统（CAS）	14	BMW 夜视系统的按钮
3	动态稳定控制（DSC）	15	夜视摄像机（NVK）
4	诊断导线	kl. 15 WUP	唤醒导线（总线端 kl. 15 唤醒）
5	车身网关模块（KGM）	FBAS	复合彩色画面消隐同步信号（CVBS）
6	组合仪表（KOMBI）		
7	灯光模块（LM）	K-CAN	车身总线
8	晴雨/行车灯传感器（RLS）	LIN-Bus	局域互联网总线
9	控制器（CON）	LVDS	LVDS 数据导线（低压差分信号）
10	中央信息显示器（CID）	PT-CAN	传动系总线
11	汽车通信计算机（CCC）	MOST	光缆（多媒体传输系统）
12	视频模块（VM）		

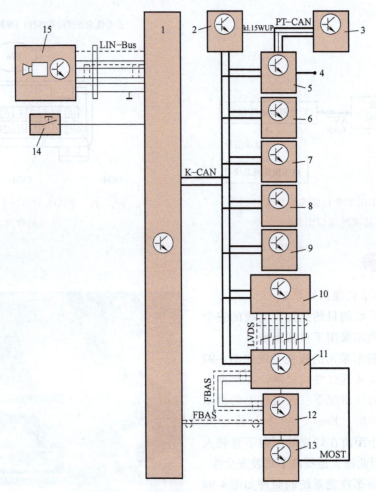

图 4-98　宝马 E60 轿车夜视系统的工作原理

1. 夜视摄像机

夜视摄像机相当于一个传感器,安装在前保险杠左前部,如图 4-99 所示。夜视摄像机是一部热成像摄像机,内部有一个图像传感器和一个电控单元。图像传感器探测目标的红外线辐射,当探测到路面上的行人或动物等发热的目标时,图像传感器将热辐射转变成电信号,夜视摄像机内的电控单元将电信号转变为视频信号,再由夜视摄像机将视频信号传送给夜视系统的电控单元。

如图 4-100 所示,夜视摄像机的视角为水平 36°、垂直 27°,自 70km/h 起,水平视角减小到 24°,夜视摄像机的分辨率为 320×240 像素。

2. 夜视系统的电控单元

夜视系统的电控单元也称为电子夜视装置(NVE)。电子夜视装置把夜视摄像机的视频信号转换成 FBAS 信号(复合彩色画面消隐同步信号),并将夜视摄像机的图像从 320×240 像素加强到 640×480 像素。

3. 其他参与工作的电控单元

(1)中央信息显示器(CID)　中央信息显示器(CID)用来显示夜视摄像机拍摄的

项目四 电控安全系统检测与维修

图 4-99 夜视摄像机的安装位置
1—夜视摄像机（NVK） 2—清洗装置喷嘴
3—夜视摄像机（NVK）的支架 4—保险杠上的通风格栅

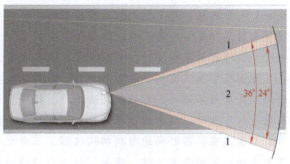

图 4-100 夜视摄像机的视角
1—摄像机水平视角 36° 2—摄像机水平视角 24°

图像。

（2）汽车通信计算机（CCC）模块 汽车通信计算机（CCC）模块用来确定夜视图像在中央信息显示器上显示时的缩放程度。

（3）视频模块 当车辆装备电视时，电子夜视装置的 FBAS 信号线连接在视频模块上，由视频模块将 FBAS 信号传递给汽车通信计算机（CCC）模块，然后由 CCC 模块传递给中央信息显示器。

（4）动态稳定电控单元（DSC） 动态稳定电控单元（DSC）通过动力总线（PT-CAN）提供行驶速度、转向角和偏航角速率等信号，电子夜视系统需要这些信号执行放大功能与转动图片功能。

（5）灯光模块（LM） 灯光模块（LM）给电子夜视系统提供行车灯是否已接通的信息。

（6）晴雨/行车灯传感器（RLS） 晴雨/行车灯传感器（RLS）用来探测环境亮度以及降水量，并将这些信号传递给电子夜视装置。

4. 夜视系统的开关

夜视系统的开关如图 4-101 所示。

5. 夜视系统的工作条件

当按下夜视系统的开关时，在下列几种情况下夜视系统工作：

图 4-101 夜视系统的开关
1—灯光开关 2—夜视系统开关

1) 晴雨/行车灯传感器（RLS）识别到足够的环境亮度，行车灯已关闭。
2) 晴雨/行车灯传感器（RLS）识别到过低的环境亮度，行车灯已接通。
3) 晴雨/行车灯传感器（RLS）识别到过低的环境亮度，行车灯已关闭，且行驶速度低于5km/h（如进车库）。

项目小结

汽车安全气囊系统主要应用的是电控安全气囊系统。在安全气囊系统中最基本的配置是双安全气囊系统，即驾驶人侧及前排乘员侧前部安全气囊。安全气囊系统的传感器分别有碰撞传感器及安全传感器，碰撞传感器主要用来监测碰撞情况，安全传感器主要用来判断碰撞程度。当符合引爆条件时，电控单元点燃点火器，气囊充气。

防盗报警系统有两个方面的功能：防盗功能与报警功能。防盗功能的原理主要是当不合法的人员使用车辆时，发动机无法工作。报警系统的原理是当车辆处于防盗状态，不合法的人员进入车辆时，汽车的灯光闪烁、喇叭鸣响。防盗一般是经过防盗电控单元、发动机电控单元与钥匙应答器之间的密码确认过程，三者之间密码互相确认后，发动机可以正常工作，否则发动机不能正常工作。报警一般是利用传感器来监视汽车的安全状态，报警传感器通常有感应车辆的振动、车辆的倾斜及超声波监测等几种监视类型。当报警传感器监测到设定状态改变时，电控单元自动接通灯光、喇叭电路。

电控前照灯系统主要有3个功能：远/近光自动变光、水平自动调整及弯道自适应。每个功能需要相应的传感器输入信号，电控单元进行信号分析，然后进行相应的功能调整。

夜视系统的原理是红外线热成像原理，当探测到路面上的行人或动物等发热目标时，图像传感器将热辐射转变成电信号，夜视摄像机内的电控单元将电信号转变为视频信号，再由夜视摄像机将视频信号传送给夜视系统的电控单元。

复习思考题

4-1 举例说明汽车安全气囊系统的组成及工作原理。
4-2 举例说明汽车防盗报警系统的组成及工作原理。
4-3 举例说明汽车前照灯水平调整系统的组成及工作原理。
4-4 举例说明汽车夜视系统的组成及工作原理。

项目五　高级驾驶辅助系统故障检测与维修

项目导读

知识目标：
掌握高级驾驶辅助系统的基本组成与工作原理。
技能目标：
1) 能正确识读高级驾驶辅助系统电路图。
2) 能正确诊断高级驾驶辅助系统故障原因并排除故障。

任务一　驻车距离报警系统检测与维修

任务导入

客户报修：丰田卡罗拉轿车1.6AT的驻车距离报警系统不工作。

相关知识

高级驾驶辅助系统（Advanced Driver Assistance System，ADAS）是指为提高行驶安全及减轻驾驶人的疲劳而采用电子控制技术主动地干预车辆行驶的辅助系统。高级驾驶辅助系统所应用的传感器技术通常称为汽车雷达技术。

汽车雷达可分为超声波雷达、电磁波雷达及激光雷达，车用雷达传感器采用的频率如图5-1所示。

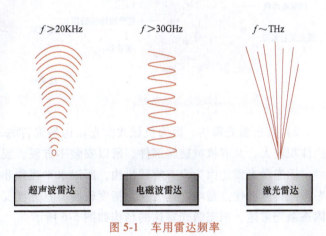

图5-1　车用雷达频率

一、汽车超声波雷达

超声波可用来测量距离，超声波雷达不断地发射出超声波并接收反射波信号，测出发射波与反射波的时间差，即可求出距离。超声波测距的基本原理框图如图5-2所示。汽车倒车雷达、自动泊车等系统一般应用超声波雷达。

二、汽车激光雷达

激光雷达（Light Detection and Ranging，LiDAR）主要用来测量距离与方位。激光雷达

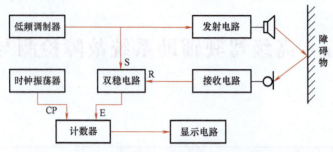

图 5-2　超声波测距的基本原理框图

按照机械结构可以分为两种：一种是机械激光雷达，另一种是固态激光雷达。机械激光雷达外观上最大的特点是有机械旋转机构，而固态激光雷达外观无旋转部件。

1）机械激光雷达。机械激光雷达由激光发射光源、接收器、伺服电动机、斜面镜和光学旋转编码器（又称圆光栅）组成，如图 5-3 所示。其工作原理是通过旋转的机械镜面测量激光发出和收到回波的时间差，从而确定目标的方位和距离。

如图 5-4 所示，机械式激光雷达激光束竖向排列形成一个平面，随着伺服电动机的转动，光束面扫描周围环境即可呈现出三维立体图形。不同的激光雷达的扫描用光束面光线数量不同，通常有 16 线、32 线、64 线等，数量越多，精度越高。

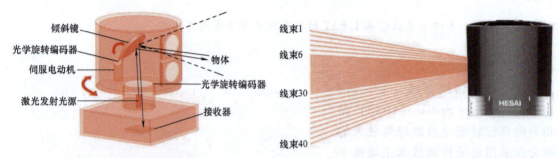

图 5-3　机械激光雷达的结构　　　　　图 5-4　机械激光雷达扫描光束分布

2）固态激光雷达。因为机械式激光雷达是旋转的，所以水平视角有 360°，机械激光雷达体积较大，又有机械旋转部件，所以安装不方便，现只应用于特种车辆。

固态激光雷达因为没有旋转机构，所以水平视角非常有限，需要在不同方向布置多个固态激光雷达，优点是响应速度快，精度较高，且方便安装。图 5-5 所示为奥迪汽车所应用的固态激光雷达，固态激光雷达的结构如图 5-6 所示。

三、汽车电磁波雷达

电磁波雷达所发射的电磁波具有指向性且在各个方向上具有不同的强度，电磁波被目标反射后，由接收天线接收雷达回波，然后便可计算出被测量目标的 3 个参数：位置、速度和方位角。

目前车载雷达的电磁波频率主要有 24GHz 和 77GHz 频段，这是国际电信联盟划分给我国车用雷达的频段。因其波长为 1~10mm，故称为毫米波雷达，主要应用于自适应巡航等系统。毫米波雷达体积小、成本低，为保证天线信号强度，毫米波雷达在印制电路板上采用

项目五 高级驾驶辅助系统故障检测与维修

图 5-5 奥迪汽车所应用的固态激光雷达

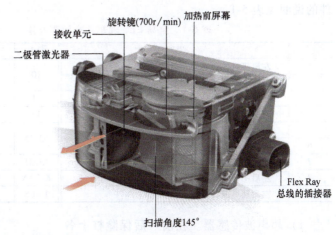

图 5-6 固态激光雷达的结构

"微带贴片天线"构成阵列天线方式。

四、宝马 E60 汽车驻车距离报警系统

驻车距离报警系统也称为泊车距离报警系统。驻车距离报警（Park Distance Control, PDC）系统在车辆驶入或驶出停车位时为驾驶人提供帮助，只有听觉方面帮助的称为倒车雷达，有视觉方面帮助的称为倒车影像。

驻车距离报警（PDC）系统借助超声波来测量车辆与感知目标的距离，将测量结果通过声音和光（在中央信息显示器上用图像显示距离）提醒驾驶人。

（1）驻车距离报警（PDC）系统的组成及原理　驻车距离报警（PDC）系统由 8 个超声波传感器、PDC 控制单元、中央信息显示器（CID）及多音频系统控制器（用于控制喇叭）等元件组成。宝马 E60 汽车驻车距离报警系统（PDC）的电路如图 5-7 所示，系统各元

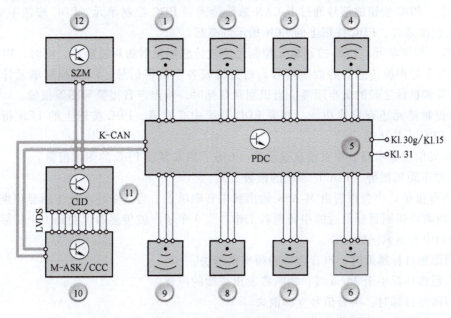

图 5-7 宝马 E60 汽车驻车距离报警系统（PDC）的电路

件的说明见表5-1。

表5-1 宝马E60汽车驻车距离报警（PDC）系统元件说明

索引	说明	索引	说明
1	左前超声波传感器	10	多音频系统控制器 (M-ASK) 或 Car Communication Computer(CCC)
2	左前中部超声波传感器		
3	右前中部超声波传感器	11	中央信息显示器（CID）
4	右前超声波传感器	12	中央控制台开关中心（SZM）
5	PDC控制单元	Kl. 15	总线端 Kl.15（点火开关）从2004年3月起，总线端 Kl. ◀30g（转换式）
6	右后超声波传感器		
7	右后中部超声波传感器	Kl. 31	总线端 Kl.31（搭铁）
8	左后中部超声波传感器	K-CAN	车身CAN
9	左后超声波传感器	LVDS	低压微分信号

1）超声波传感器。在前、后保险杠上各安装了4个超声波传感器，如图5-8所示。这些超声波传感器发射超声波脉冲，障碍物反射这些超声波脉冲（回声脉冲），超声波传感器接收并放大这些回声脉冲，放大后的回声脉冲被转换成一种数字信号，然后传送给PDC控制单元。每个超声波传感器有专有的微处理器、专用的电源和专用的到PDC的数据导线。

超声波传感器的探测范围在25～200cm之间，为确保超声波传感器正常工作，应保持其表面清洁。

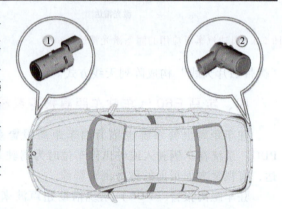

图5-8 超声波传感器的安装位置
1—前保险杠上的超声波传感器
2—后保险杠上的超声波传感器

2）PDC按钮。PDC按钮在中央控制台开关中心上，PDC按钮的信号通过K-CAN总线传递到PDC控制单元，PDC按钮手动操作。当PDC按钮接通时，PDC按钮上的LEN指示灯亮起。

3）PDC控制单元。PDC控制单元控制超声波传感器发射超声波脉冲，同时，PDC控制单元接收各个超声波传感器的数字信号，通过比较各个数字信号，PDC控制单元计算出超声波传感器和目标之间的最小距离。当识别到目标时，输出声音报警和图像报警。

PDC控制单元还有自检功能，如果PDC系统中有故障，PDC按钮上的LEN指示灯闪烁，此时PDC无法接通。

4）中央信息显示器。中央信息显示器（CID）用来显示PDC的图像报警。

（2）驻车距离报警（PDC）系统的报警方式

1）声音报警。声音报警由M-ASK输出到中音喇叭上。当2个超声波传感器识别到1个目标时，距离被识别目标最近的中音喇叭工作。当3个超声波传感器识别到1个目标时，左侧和右侧的中音喇叭同时工作。

① 当距离目标越近时，声音信号的频率就越快。

② 当距离目标小于25cm时，喇叭将发出持续的声音。

③ 当离开目标时，声音信号立即消失。

④ 当车辆沿着一堵墙移动时，声音信号在3s后自动关闭，以免驾驶人误解。

声音报警的感知范围：
- 前部保险杠上两个顶点上的超声波传感器感知范围约为60cm。
- 前部保险杠上两个中间的超声波传感器感知范围约为70cm。
- 后部保险杠上两个顶点上的超声波传感器感知范围约为60cm。
- 后部保险杠上两个中间的超声波传感器感知范围约为150cm。

2）视觉报警。PDC系统的图像报警在中央信息显示器（CID）上显示。视觉报警比声音报警早。感知范围为：前部2m左右，后部2.5m左右。PDC控制单元通过K-CAN总线将超声波传感器和被检测的目标之间的距离数据传送到中央信息显示器（CID）。在CID上显示的图像如图5-9所示。

- 绿色：距离大于100cm。
- 黄色：距离在50~100cm之间。
- 红色：距离小于50cm。

五、丰田卡罗拉轿车驻车距离报警系统

（1）丰田卡罗拉轿车驻车距离报警系统的组成　丰田卡罗拉车驻车距离报警系统由6个超声波传感器、距离警告ECU、距离警告灯、距离警告蜂鸣器及驻车距离报警开关（泊车辅助按钮）等组成，如图5-10所示。

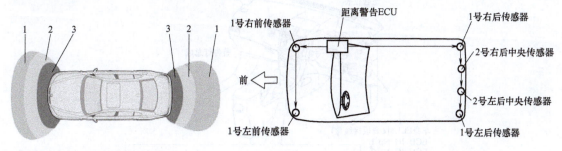

图5-9　宝马E60驻车距离报警（PDC）系统的显示图像
1—绿色区域　2—黄色区域　3—红色区

图5-10　丰田卡罗拉轿车驻车距离报警系统组成

（2）传感器　6个超声波传感器分为两组，前端两个传感器串联，后端4个传感器串联，1号传感器用来监测转角方向障碍物，4个1号传感器可互换；2号传感器用来监测正后方障碍物，两个2号传感器可互换，雷达的探测范围如图5-11所示。

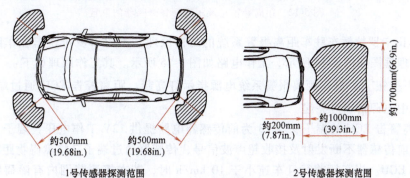

图5-11　丰田卡罗拉轿车驻车距离报警系统传感器探测范围

距离警告 ECU 为每个传感器分配一个 ID 地址，6 个传感器为距离警告 ECU 提供数字信号，每个传感器不断地发射和接收超声波信号并将接收到的信号传给距离警告 ECU。

传感器的工作条件如下：

1）前传感器：
- 点火开关置于 ON（IG）位置。
- 按下驻车距离报警系统按钮。
- 车速小于 10km/h。

2）后传感器：
- 点火开关置于 ON（IG）位置。
- 按下驻车距离报警系统按钮。
- 变速杆在倒档位置。

（3）距离警告 ECU 距离警告 ECU 得到传感器传送的距离信息，依据距离由远至近控制距离警告灯及距离警告蜂鸣器工作频率。距离警告灯及距离警告蜂鸣器的位置如图 5-12 所示。距离警告灯（4 个）为 LED 灯，对应每个转角位置的 1 号传感器。距离警告灯及距离警告蜂鸣器的工作频率如图 5-13 所示。

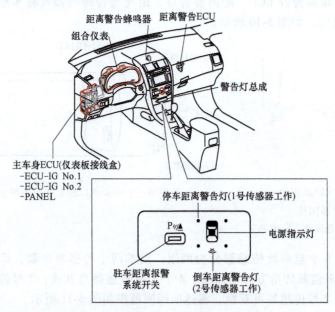

图 5-12 距离警告灯及距离警告蜂鸣器的位置

（4）丰田卡罗拉轿车驻车距离报警系统的工作原理 丰田卡罗拉轿车驻车距离报警系统的工作原理框图如图 5-14 所示，工作电路如图 5-15 所示。其工作原理如下：

1）按下按钮 ，驻车距离报警系统电源指示灯亮起。距离警告 ECU 通过端子 10 控制警告灯总成中电源指示灯亮起。

2）距离警告 ECU 的端子 9 与 23 为前传感器电路提供 12V 工作电压，端子 7 通过占空比信号控制前传感器不断发射及接收超声波信号，传感器通过端子 7 将障碍物距离信号传送给距离警告 ECU。当车辆前行且车速小于 10 km/h 时，若在探测范围内有障碍物，距离警告 ECU 控制对应的距离警告灯及蜂鸣器按规定的频率工作。

项目五 高级驾驶辅助系统故障检测与维修

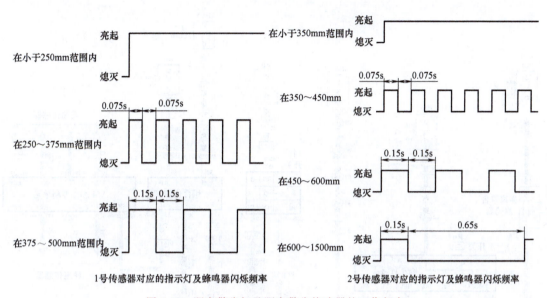

图 5-13 距离警告灯及距离警告蜂鸣器的工作频率

3）距离警告 ECU 的端子 24 与 22 为后传感器电路提供 12V 工作电压，传感器通过端子 6 将障碍物距离信号传送给距离警告 ECU。当车辆挂倒档时，若在探测范围内有障碍物，距离警告 ECU 控制对应的距离警告灯及蜂鸣器按规定的频率工作。

4）距离警告 ECU 通过控制端子 20、19、17、15、18 及 16 搭铁来控制警告灯总成中电源指示灯、倒车距离警告灯（对应 2 号传感器）、左后倒车距离警告灯、右后倒车距离警告灯、左前停车距离警告灯及右前停车距离警告灯工作。

5）距离警告 ECU 通过控制端子 12 搭铁来控制蜂鸣器工作。

6）每次按下按钮 时，系统自检即距离警告灯及蜂鸣器工作 1s。若检测到任何传感器不工作，距离警告灯和蜂鸣器会按图 5-16 所示频率进行故障报警。

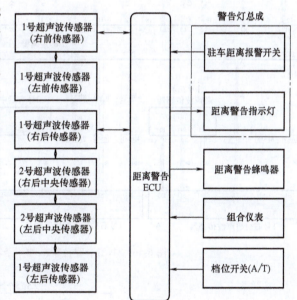

图 5-14 丰田卡罗拉轿车驻车距离报警系统的工作原理框图

7）ABS 控制单元将车速信号传送给组合仪表，组合仪表将车速信号传给距离警告 ECU。

8）距离警告 ECU 端子 11 用来监测灯光系统工作情况，当打开车灯开关灯光继电器闭合时，端子 11 通过示廓灯熔丝（10A TAIL）得到一个 12V 电位信号，这时距离警告 ECU 将警告灯亮度减小。

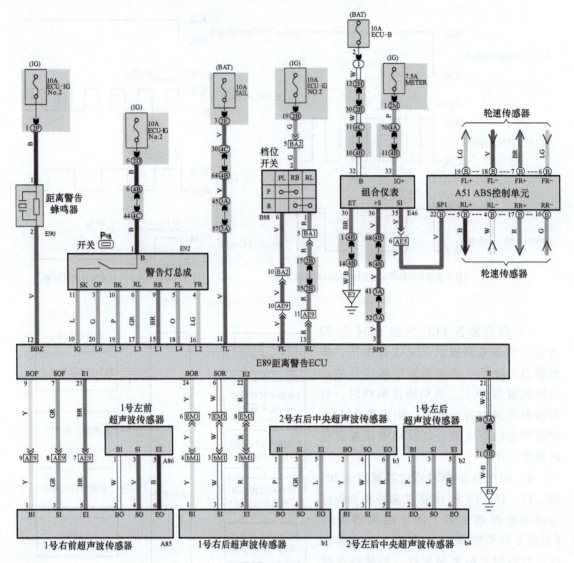

图 5-15　丰田卡罗拉轿车驻车距离报警系统工作电路

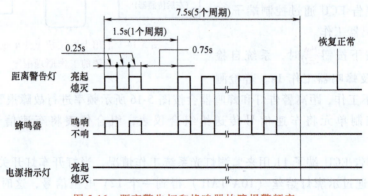

图 5-16　距离警告灯和蜂鸣器故障报警频率

项目五　高级驾驶辅助系统故障检测与维修

【任务实施环境】

1）理实一体化教室授课，每个学习小组1个标准工位。

2）每个工位配轿车（丰田卡罗拉）1辆，万用表1块及各种导线、电工常用的各种钳子、螺钉旋具等。

3）每组配有丰田卡罗拉轿车维修手册1套，配有驻车警告灯总成1个、驾驶人侧前门门锁总成1个。

【任务实施步骤】

1. 确认故障现象

接到车辆后，先进行故障现象确认。打开点火开关并起动发动机，按下驻车距离报警开关，前后移动车辆，驻车辅助系统不工作，表示驻车辅助系统有故障。

2. 故障检测

根据本车故障现象，结合驻车距离报警系统控制原理进行检测：

（1）驻车距离报警开关电路　驻车距离报警开关电路如图5-17所示。

1）确认ECU-IG NO.2熔断器正常。

2）检查距离警告ECU工作电压。距离警告ECU线束端子如图5-18所示，检测标准及结果见表5-2。若检测结果与标准不符，则需要检查距离警告ECU电源电路。

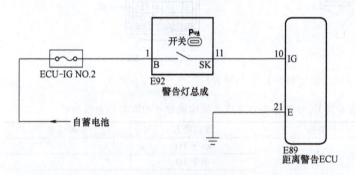

图5-17　丰田卡罗拉轿车驻车距离报警开关电路

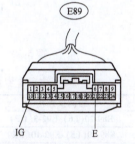

图5-18　丰田卡罗拉轿车距离警告ECU线束端子

表5-2　丰田卡罗拉轿车距离警告ECU线束端子的测量标准及结果

检测仪连接	条件	规定状态	实测结果
E89-10(IG)-E89-21(E)	点火开关置于ON(IG)位置，驻车距离报警系统开关置于ON位置	9~15V	

（2）检查指示灯电路　指示灯电路如图5-19所示，检测距离警告ECU与警告灯总成之间的线束是否完好。线束端子如图5-20所示，丰田卡罗拉轿车距离警告ECU与警告灯总成之间线束端子的测量标准及结果见表5-3。若检测结果与标准不符，则更换线束。

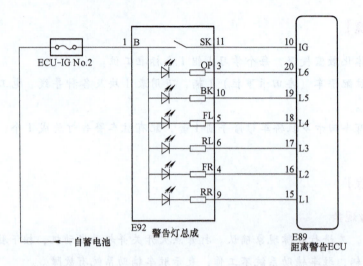

图 5-19 丰田卡罗拉轿车驻车距离报警系统指示灯电路

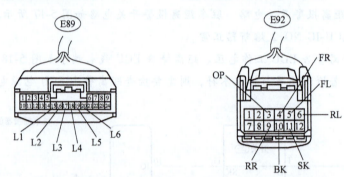

图 5-20 丰田卡罗拉轿车距离警告 ECU 与警告灯总成之间线束端子

表 5-3 丰田卡罗拉轿车距离警告 ECU 与警告灯总成之间线束端子的测量标准及结果

检测仪连接	条件	规定状态	实测结果
E89-20(L6)-E92-3(OP)	始终	小于 1Ω	
E89-19(L5)-E92-10(BK)		小于 1Ω	
E89-18(L4)-E92-5(FL)		小于 1Ω	
E89-17(L3)-E92-6(RL)		小于 1Ω	
E89-16(L2)-E92-4(FR)		小于 1Ω	
E89-15(L1)-E92-9(RR)		小于 1Ω	
E89-20(L6)-车身搭铁		不小于 10kΩ	
E89-19(L5)-车身搭铁		不小于 10kΩ	
E89-18(L4)-车身搭铁		不小于 10kΩ	
E89-17(L3)-车身搭铁		不小于 10kΩ	
E89-16(L2)-车身搭铁		不小于 10kΩ	
E89-15(L1)-车身搭铁		不小于 10kΩ	

(3) 检测警告灯总成 警告灯总成端子如图 5-21 所示。检测时，先将蓄电池正极端子连接至端子 1，然后按表 5-4 所示，将蓄电池负极端子依次连接至表中各个端子，检查并确认相应停车距离警告灯应亮起。否则，需要更换警告灯总成。

项目五 高级驾驶辅助系统故障检测与维修

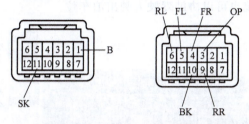

图 5-21　丰田卡罗拉轿车警告灯总成端子

表 5-4　丰田卡罗拉轿车警告灯总成端子检测标准及结果

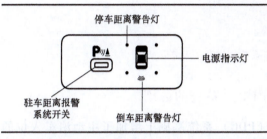

警告灯总成	依次与蓄电池负极端子连接	对应的警告灯是否亮起
电源指示灯	OP	
倒车距离警告灯	BK	
右前停车距离警告灯	FR	
左前停车距离警告灯	FL	
右后倒车距离警告灯	RR	
左后倒车距离警告灯	RL	

（4）检测距离警告 ECU　主要检测距离警告 ECU 内部搭铁情况。距离警告 ECU 的端子如图 5-22 所示，检测标准及结果见表 5-5。若检测结果与标准不符，则更换距离警告 ECU。

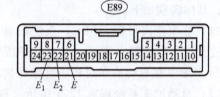

图 5-22　丰田卡罗拉轿车距离警告 ECU 的端子

表 5-5　丰田卡罗拉轿车距离警告 ECU 的端子检测标准及结果

端子号（符号）	配线颜色	端子描述	条件	规定状态	实测结果
E89-21（E）-车身搭铁	W-B-车身搭铁	搭铁	始终	小于1Ω	
E89-22（E2）-E89-21（E）	R-W-B	后传感器搭铁	始终	小于1Ω	
E89-23（E1）-E89-21（E）	BR-W-B	前传感器搭铁	始终	小于1Ω	

任务二　自动泊车系统故障检测与维修

任务导入

客户报修：奥迪轿车自动泊车系统不工作。

相关知识

自动泊车系统是在驻车辅助系统的基础上发展而来的，自动泊车系统是可以部分或全部接管驾驶程序使车辆快速准确停车入位的系统。

如图 5-23 所示，按下自动泊车键后，智能泊车辅助系统将根据横、纵向停车位先计算是否可以停车，然后计算出理想驶入路径，通过自动转向控制，使驾驶人可从容地泊车入位。此时驾驶人不需要控制转向盘,按系统提示,驾驶人负责控制档位、制动及加速踏板即可。同理,自动泊车系统也可以协助驾驶人驶出泊车位。

图 5-23 奥迪轿车自动泊车系统操作开关及指示灯

一、自动泊车系统与驻车距离报警(PDC)系统的区别

奥迪轿车自动泊车系统是在驻车距离报警(PDC)系统基础上增加了主动泊车入位的功能,具体区别如下:

(1)驻车距离报警(PDC)系统配有 8 个雷达 驻车距离报警(PDC)系统配有 8 个超声波雷达,俗称倒车雷达,其作用只是探测障碍物的距离,探测距离为 0.6~1.2m,如图 5-24 所示。在自动泊车过程中有障碍物时,驻车距离报警(PDC)系统会正常报警。

(2)自动泊车系统配有 12 个雷达 自动泊车系统配有 12 个超声波雷达,在 8 个倒车雷达基础上增加了 4 个泊车雷达。泊车雷达探测距离可达 5m,泊车雷达探测的数据主要用来确认空间位置是否可以停车及计算驶入路径,4 个泊车雷达的安装位置在前、后保险杠侧面,如图 5-25 所示。

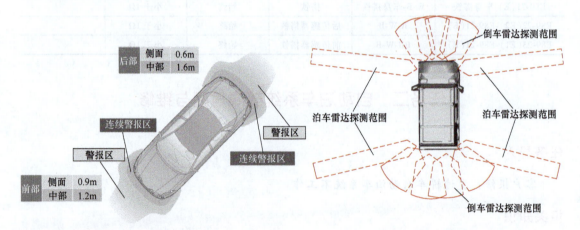

图 5-24 驻车距离报警(PDC)系统 8 个倒车雷达　　图 5-25 自动泊车系统 12 个雷达工作示意图

二、自动泊车系统的控制原理

自动泊车系统由 12 个超声波雷达、自动泊车控制单元 J791、警告蜂鸣器及操作开关等

组成。若想完成自动泊车任务还需要车身电子稳定系统（ESP）、助力转向系统、仪表系统及驻车报警系统等相关系统的协助才能实现自动泊车。自动泊车系统的控制原理如图 5-26 所示。

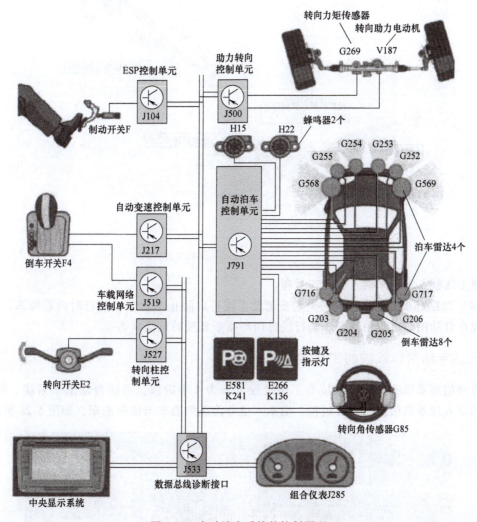

图 5-26　自动泊车系统的控制原理

（1）电动转向助力系统　自动泊车系统控制单元通过 CAN 总线发送指令，转向助力控制单元驱动电动机实现自动转向。

转向助力系统设有转向力矩传感器，当转向力矩传感器识别到驾驶人接管转向盘的信号后，自动泊车系统就立刻终止泊车过程。转向助力系统的组成如图 5-27 所示。

（2）车身电子稳定程序（ESP）　车身电子稳定程序（ESP）既能解决车辆驱动打滑及制动打滑的纵向稳定性问题，又能解决转向所引起的侧向稳定性问题。

自动泊车系统在泊车入库过程中，为确保车辆行驶的稳定性，时刻要确认车速与车辆行驶方向，这些信号均由车身电子稳定程序（ESP）的轮速传感器及纵向加速度传感器、横向加速度传感器及车身偏转率传感器提供，当有碰撞危险时，ESP 立即介入。

（3）具备影像功能的组合仪表　在自动泊车过程中，组合仪表立刻转换为倒车影像功

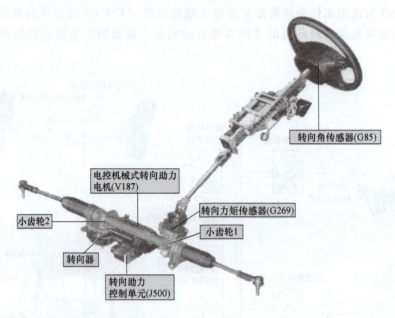

图 5-27 转向助力系统的组成

能,便于驾驶人掌控车辆入库动态过程。

(4) 坡路起步辅助系统　坡路起步辅助系统可以防止车辆起步前行时向后溜车。这样,可避免在自动泊车过程中出现车辆行驶方向与指令相反的危险状态。

三、自动泊车系统的工作过程

自动泊车系统完成倒车入位的工作过程可分为 4 个阶段:激活自动泊车系统、寻找车位、泊车入位及结束泊车入位过程。泊车入位分为纵向泊车与横向泊车,如图 5-28 所示。

图 5-28 泊车入位示意图

现以奥迪轿车为例,自动泊车入位步骤如下:

(1) 激活自动泊车系统　如图 5-29 所示,若想纵向泊车,按压按钮 🅟 1 次;若想横向泊车,按压 🅟 2 次。

(2) 寻找车位　以纵向泊车入位为例,驾驶人开车进入停车场寻找车位的操作要求如下:

1) 与停车位之间的距离介于 0.5~2m 之间。

2）打开转向灯。

3）如要纵向泊车，以小于40km/h的车速向前行驶；如要横向泊车，以小于20km/h的车速向前行驶。若车速超过规定，自动泊车系统自动关闭。

在寻找车位过程中，自动泊车系统若发现合适的车位，则组合仪表立刻出现提示，如图5-30所示。若驾驶人同意停在此车位，则驾驶人按照提示操作即可完成泊车入位。

图5-29　奥迪轿车中控台按键

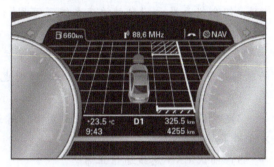
图5-30　发现合适的车位

（3）泊车入位　寻找到停车位并得到驾驶人的确认后，驾驶人要连续按照组合仪表提示进行操作，如图5-31所示。此时，驾驶人的操作要求如下：

1）驾驶人不能操控转向盘。

2）整个泊车过程中车速由自动泊车系统控制。

3）紧急情况下驾驶人负责控制制动系统，车停止后自动泊车系统将停止工作。

4）驾驶人控制档位（如果需要也可控制加速踏板，但自动泊车过程中车速超过10km/h则自动泊车系统将停止工作）。

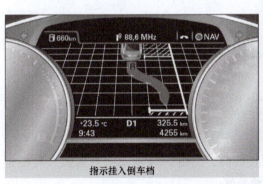
指示挂入倒车档

指示继续前行

指示向后行驶

图5-31　自动泊车时组合仪表操作提示

（4）泊车结束　当自动泊车系统结束工作后，组合仪表自动切换到"自动泊车过程已结束"，此时，自动泊车系统自动关闭且系统指示灯熄灭，驾驶人接管车辆。

【任务实施环境】

1）理实一体化教室授课，每个学习小组1个标准工位。

2）每个工位配奥迪轿车（具有自动泊车功能）1辆，万用表1块及各种导线、电工常用的各种钳子、螺钉旋具等。

3) 每组配有奥迪专用解码器1台。

【任务实施步骤】

1. 确认故障现象

接到车辆后,要进行故障现象确认。起动发动机,按照自动泊车系统要求按下按钮,组合仪表显示"自动泊车系统不可用",说明故障真实存在。

2. 故障检测

自动泊车系统需要多个系统的合作才能完成自动泊车任务。所以自动泊车系统出现故障的原因是多方面的,当相关系统出现故障时也会导致自动泊车系统不工作。

1) 确认操作方法正确。

2) 确认前、后保险杠是否碰撞变形、雷达安装位置是否变化及雷达表面是否有冰雪、灰尘等异物。

3) 确认CAN总线通信正常。

4) 读取故障码。若自动泊车系统无故障码,则要重点关注ESP(或ABS)、转向助力等系统的故障码信息;若有故障码,则按故障码提示进行故障排除。

5) 读数据流,重点读取12个雷达传感器、车轮传感器、转矩传感器等数据流。

6) 对自动泊车系统控制单元进行编程匹配,若故障没有排除,则对相关系统,如ESP(或ABS)、转向助力等控制单元分别进行编程匹配。

7) 更换泊车系统控制单元。

任务三　车道变换辅助系统故障检测与维修

任务导入

客户报修:奥迪轿车车道变换辅助系统不工作。

相关知识

一、车道变换辅助系统(SWA)

车辆在平行车道上行驶时,外后视镜是存在盲区的,如图5-32所示。当驾驶人向相邻车道变道时,若盲区内有车辆,则很容易引发交通事故。

车道变换辅助系统(SWA)借助雷达传感器监控车辆两侧及后方的行驶区域(无盲区),并在驾驶人变换车道时提供帮助。图5-33所示为车道变换辅助系统监控区域。

二、车道变换辅助系统的组成及作用

奥迪轿车车道变换辅助系统由2个毫米波雷达、开关及2个外后视镜中内置的警告灯等组成,如图5-34所示。当驾驶人向左变换车道时左侧外后视镜警告灯报警,当驾驶人向右变换车道时右侧外后视镜警告灯报警。

(1) 警告灯

项目五　高级驾驶辅助系统故障检测与维修

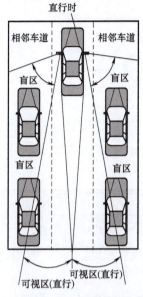

图 5-32　汽车直线行驶时外后视镜的盲区

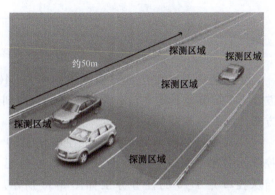

图 5-33　车道变换辅助系统监控区域

图 5-34　奥迪汽车车道变换辅助系统的组成

1）信息级（警告灯常亮）。车辆正常直线行驶时，若车道变换辅助系统监测区域无车辆行驶时，警告灯不亮；若车道变换辅助系统发现监测区域有车辆行驶时，警告灯常亮，提醒驾驶人相邻车道有车辆，变道有危险。

2）警告级（警告灯闪亮）。若车道变换辅助系统发现监测区域有车辆行驶且此时驾驶人打开转向信号灯时，警告灯短暂闪亮，提醒驾驶人相邻车道有车辆，变道有危险，如图 5-35 所示。

（2）雷达　雷达由传感器与控制单元两部分组成，左侧雷达与右侧雷达结构相同，左侧控制单元 J769 为主控单元，右侧控制单元 J770 为从控单元。奥迪轿车车道变换辅助系统 2 个毫米波雷达的安装位置如图 5-36 所示，雷达的结构如图 5-37 所示。

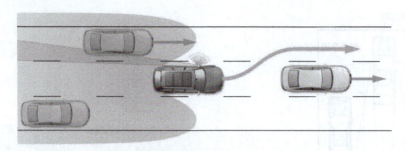

图 5-35 奥迪汽车车道变换辅助系统警告灯闪亮

变道辅助系统雷达传感器采用频率为 24GHz、波长为 1~10mm 的电磁波,天线采用的是阵列天线方式,探测距离为 50m。

(3) 车道变换辅助系统的主控单元 J769 与从控单元 J770 车道变换辅助系统的主控单元 J769 与从控单元 J770 的任务分工如图 5-38 所示。左、右两侧雷达中的控制单元根据各自的传感器信号监测相邻车道快速移动的车辆,当左、右相邻车道有车辆进入车距 50m 范围内时,控制单元开始计算相邻车道车辆的速度、距离,接通警告灯以提醒驾驶人注意安全。主控单元 J769 与从控单元 J770 的工作电路如图 5-39 所示。

图 5-36 奥迪汽车车道变换辅助系统雷达安装位置

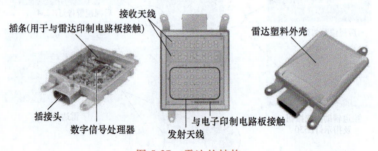

图 5-37 雷达的结构

三、车道变换辅助系统的控制原理

当按下车道变换辅助系统开关 E530 时,车道变换辅助系统便进入工作状态,当相邻车道 50m 内有车辆出现时,系统警告灯开始常亮,当驾驶人打开转向灯开关,系统警告灯开始闪亮。车道变换辅助系统要完成相邻车道的监测工作还需要相关系统协助,如图 5-40 所示。

当安全气囊系统有故障时,车道变换辅助系统不工作。

ABS 控制单元(ESP 控制单元)提供轮速传感器、纵向加速度传感器、横向加速度传感器及车身偏转率传感器等信号,车道变换辅助系统控制单元根据这些信号计算相邻车道车辆行车速度及行驶道路的曲率半径,以控制系统警告灯的工作状态。

项目五 高级驾驶辅助系统故障检测与维修

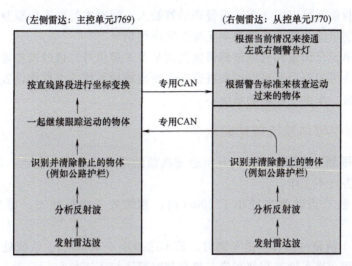

图 5-38　车道变换辅助系统主控单元 J769 与从控单元 J770 的任务分工

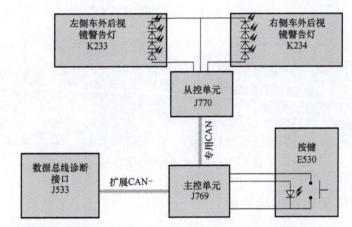

图 5-39　车道变换辅助系统主控单元 J769 与从控单元 J770 的工作电路

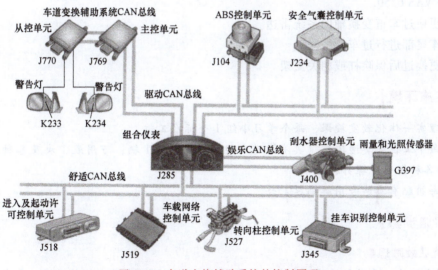

图 5-40　车道变换辅助系统的控制原理

组合仪表控制单元可以发送声音报警提示驾驶人，同时进行数据传输及故障信息储存。车载网络控制单元及转向柱控制单元提供转向灯信号。

刮水器控制单元及雨量和光照传感器提供雨量及光照信号，适时调整警告灯亮度。

进入及起动许可控制单元可以用来进行车道变换辅助系统的个性化设置。

当牵引挂车时，车道变换辅助系统不工作。

四、车道变换辅助系统的功能限制

（1）车速的限制　当按下开关打开车道变换辅助系统时，若车速低于50km/h，系统处于待机状态，警告灯不工作。

（2）弯道行驶　当转弯半径小于200m时，系统处于待机状态，警告灯不工作，如图5-41所示。

（3）超车　车辆超过相邻车道车辆时，若车速差小于15km/h，系统处于待机状态，警告灯不工作。同理，当车辆被相邻车道车辆超越时警告灯不工作。

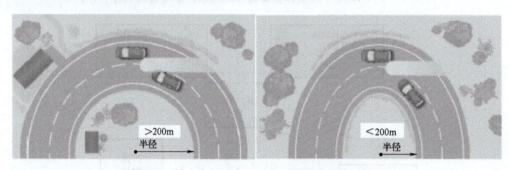

图5-41　转弯半径对车道变换辅助系统的功能限制

五、车道变换辅助系统的调校

当车辆发生下列任意一种情况后，都需要进行车道变换辅助系统的调校，调校时需使用专用设备VAS 6350。

1）更换过车道变换辅助系统雷达。

2）车尾部进行过车身维修。

3）更换过后保险杠或相关支架。

【任务实施环境】

1）理实一体化教室授课，每个学习小组1个标准工位。

2）每个工位配奥迪轿车（具有车道变换辅助功能）1辆，万用表1块及各种导线、电工常用的各种钳子、螺钉旋具等。

3）每组配有奥迪专用解码器1台。

【任务实施步骤】

1. 确认故障现象

接到车辆后，要进行故障现象确认。起动发动机，按照车道变换辅助系统要求按下车道

项目五　高级驾驶辅助系统故障检测与维修

变换辅助系统开关，组合仪表显示"车道变换辅助系统不可用"，说明故障真实存在。

2. 故障检测

车道变换辅助系统需要多个系统的合作才能完成变道辅助任务，所以车道变换辅助系统出现故障的原因是多方面的，当相关系统出现故障时也会导致车道变换系统不工作。

1）确认操作方法正确。

2）确认雷达表面是否有冰雪、灰尘等异物，确认保险杠及雷达安装支架是否有碰撞变形情况。

3）确认CAN总线通信正常。

4）读取故障码。若车道变换辅助系统无故障码，则要重点关注ESP（ABS）、安全气囊、刮水器控制单元及组合仪表等系统的故障码信息；若有故障码，则按故障码提示进行故障排除。

5）读数据流，重点读取主控单元J769和从控单元J770等的数据流。

6）对车道变换辅助系统主控单元J769及从控单元J770进行编程匹配。

7）更换车道变换辅助系统主控单元J769或从控单元J770。

任务四　自适应巡航系统故障检测与维修

任务导入

客户报修：奥迪轿车自适应巡航系统不工作。

相关知识

一、自适应巡航系统

自适应巡航（Adaptive Cruise Control，ACC）系统也称为主动巡航系统。相对于早期车辆的定速巡航系统，ACC系统不仅可以让车辆保持一定行驶速度，还能根据与前车的距离自动调节车速，以保证与前车的最佳安全距离。如果车辆接近前车，则自适应巡航控制系统自动减速到与前车相同的车速，并与前车保持固定的距离；如果前方没有行驶中的汽车，则ACC系统便加速到设定的速度。

自适应巡航系统工作的前提条件是系统必须要获取3个信息：与前车的距离、前方车辆的速度、前方车辆的位置及确定目标车辆，如图5-42所示。

二、自适应巡航系统的组成及原理

自适应巡航系统主要由雷达、ACC开关、显示及报警装置等组成，如图5-43所示。雷达由车距传感器G259与距离控制单元J428组成，传感器G259既要发射电磁波又要接收反射回来的电磁波，在距控制单元J428根据传感器传送的信号计算出与前车的距离、行驶车速及相对位置；ACC开关是驾驶人用来设置巡航车速及与前车车距的；显示与报警装置位于组合仪表内，用来显示自适应巡航系统的工作状况，紧急情况下向驾驶人发出声音报警，让驾驶人接管操控车辆。

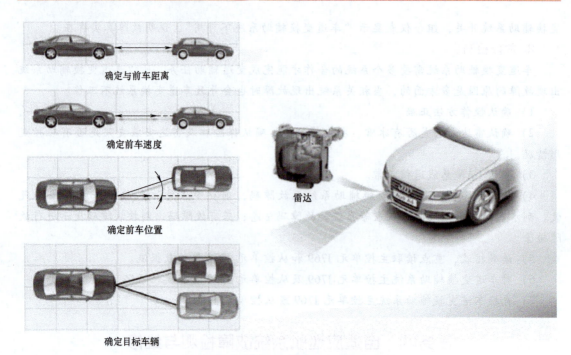

图 5-42 自适应巡航系统工作的前提条件

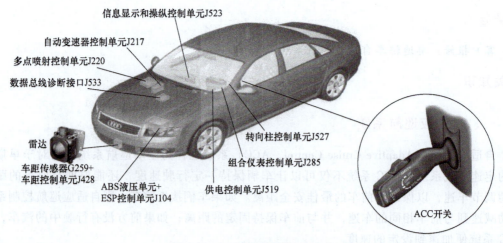

图 5-43 自适应巡航系统的组成

（1）车距传感器 G259 与距离控制单元 J428　汽车自适应巡航系统的核心技术是雷达传感器技术。ACC 雷达传感器也称为毫米波雷达，采用的是波长在 1~10mm 的电磁波，对应的频率范围为 30~300GHz，天线使用的是一种"微带贴片天线"构成阵列天线方式。目前国际上汽车雷达专用频率有 24GHz 与 77GH 两个频率。频率越高，其波长越短，天线的尺寸和体积就越小。ACC 毫米波雷达与车用同类传感器的性能对比见表 5-6。

ACC 雷达的安装与内部结构如图 5-44 所示。我国 ACC 雷达通用的无线电频率为 77GHz。为了更好地测距和测速，雷达传感器需要在一定频率范围内进行可控的频率扫描。这种雷达传感器称为调频连续波（FMCW）雷达传感器，一般扫描频率范围为 76.5~76.7GHz，有效距离为 160m，调频信号如图 5-45 所示。

项目五　高级驾驶辅助系统故障检测与维修

表 5-6　ACC 毫米波雷达与车用同类传感器的性能对比

项目	毫米波雷达	摄像头	超声波雷达	激光雷达
实物图				
探测角度	10°~70°	30°	120°	15°~360°
探测距离	远	远	近	远
障碍物识别能力	较强,难以识别行人等障碍物	强,可跟踪识别行人等障碍物	一般	很强,可识别跟踪,精准定位
路标识别	否	是	否	否
夜间工作	强	强	强	强
不良天气	强	弱	弱	弱
成本	适中	适中	低	目前很高

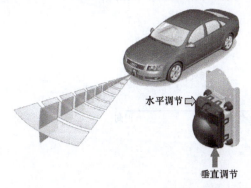

图 5-44　ACC 雷达的安装与内部结构

1）车距测量。图 5-46 所示为确定前方车辆距离的原理。与前车距离越远,反射信号运行的时间就越长,于是发射频率和接收频率之间的频率差就越大。因此,距离控制单元 J428 根据距离传感器 G259 的频率差推算出时间差,再根据电磁波的传播速度计算出与前车的距离。

2）前车车速测量。图 5-47 所示为确定前方车辆速度的原理。根据多普勒效应可知,相对速度变化可影响运动物体反射波的频率。若发射波物体与反射波物体之间的距离变小,则反射波的频率提高;反之,若距离增大,则反射波频率降低。

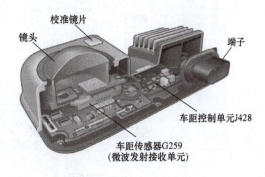

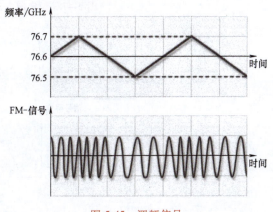

图 5-45　调频信号

分别检测频率上升过程频率差（Δf_1）和频率下降过程频率差（Δf_2）,距离控制单元 J428 根据频率差（Δf_1 与 Δf_2 之差）推算出前车的车速。

3）确定前车位置。确定前车位置的原理如图 5-48 所示。雷达传感器 G259 发射的电磁波信号呈叶片状向外扩散,即信号强度（振幅）随着距离的增大而在纵向（x）和横向（y）方向逐渐减弱。控制单元 J428 根据信号强度在不同角度方向上的衰减规律就可以确定前车的位置。

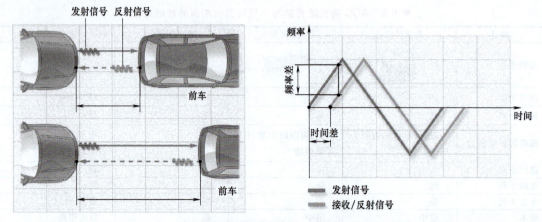

图 5-46 确定前方车辆距离的原理

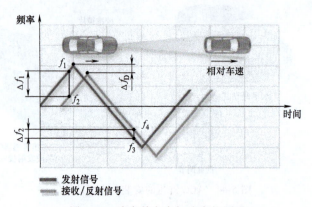

图 5-47 确定前方车辆速度的原理

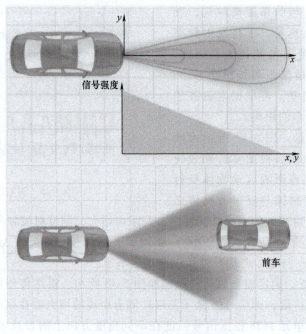

图 5-48 确定前车位置的原理

4）确定目标车辆。车辆在行驶过程中，可能会同时有几辆车出现在雷达探测器的视野中，尤其是弯道较多的路况，如图 5-49 所示。ACC 系统控制单元 J428 基于道路标线的标准宽度与实时的转弯半径来确定目标范围，再参考车辆的轮速传感器、转向盘转角传感器、横向加速度传感器等发送的信号，最终确定目标车辆。

（2）ACC 控制开关　奥迪轿车自适应系统开关如图 5-50 所示，具体操作方法如图 5-51 所示。

1）设定车速。车速可设置的范围一般为 30~200km/h，每推动 1 次，可以增大或减小 10km/h，按下设置键即可保存车速，同时在仪表上会显示设置的速度值。对于全速 ACC，则可以做到 0km/h 起步，没有最低速度要求，可跟着前车停停走走，解决了堵车环境下驾驶人开车疲劳的问题。

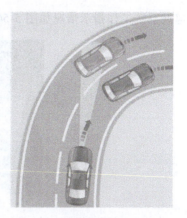

图 5-49　确定目标车辆的原理

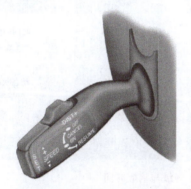

图 5-50　奥迪轿车自适应系统开关

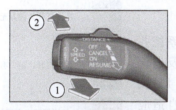

打开和关闭

存储车速

调节车距

调节车速

图 5-51　奥迪轿车自适应系统开关操作方法

2）设定车距。本车和前车的车距可以设置为 4 个等级，默认车距为 3 级。车距等级代表的是响应时间，而不是长度距离，前车距离随着前车速度的变化而变化。本车与前车的车距等级在仪表盘上的显示情况如图 5-52 所示。车距等级与响应时间如图 5-53 所示。自适应巡航系统工作指示情况如图 5-54 所示。

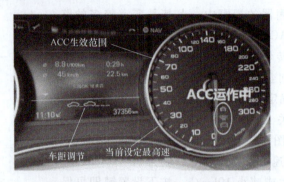

图 5-52　自适应巡航系统与前车车距的显示

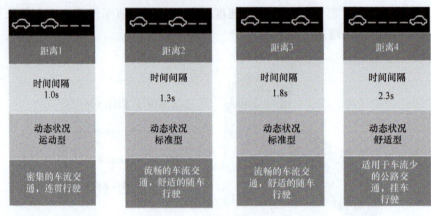

图 5-53　车距等级与响应时间

三、自适应巡航系统工作过程

当驾驶人打开 ACC 开关激活自适应巡航系统并选定巡航车速（假定巡航车速为 100km/h）及巡航距离时，车辆就会根据目标车辆进行匀速、加速、急加速、减速及急减速等自适应巡航行驶。自适应巡航系统的典型工况如图 5-55 所示。自适应巡航系统的工作过程如图 5-56 所示。

雷达传感器 G259 不断发射电磁波并接收反射回来的电磁波，雷达控制单元 J428 根据传感器信号计算出与前车的距离、行驶车速、相对位置及跟踪目

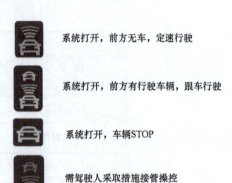

图 5-54　自适应巡航系统工作指示情况

标。由于路况复杂，前车运行状态可能会不断变化，巡航车辆雷达控制单元 J428 对比驾驶人设定的巡航速度及距离等级，当需要改变车辆的运行状态以适应巡航距离的要求时，发出加速或减速等信号，通过 CAN 总线传送到相关控制单元，由发动机控制单元 J220 完成车辆的加速工作，而 ESP 控制单元 J104 完成车辆的减速工作，最终实时保持车辆处于安全距离巡航。

当自适应巡航系统主动制动时，其产生的最大制动力为车辆最大制动力的40%（目的是确保车辆行驶的舒适性）。若无法达到安全车距，则自适应巡航系统会发出相应图像和声音报警，提醒驾驶人"协助"参与控制车辆。若驾驶人立刻踩制动踏板增大制动效果，则自适应巡航系统模式自动关闭。

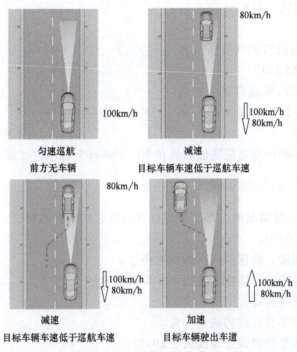

图5-55　自适应巡航系统的典型工况

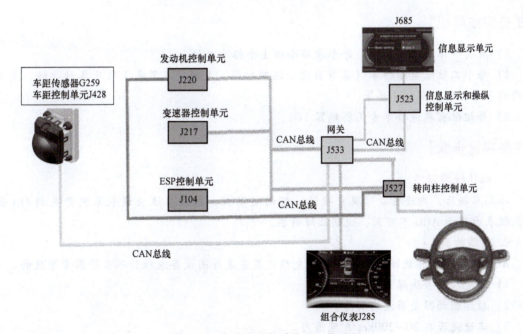

图5-56　自适应巡航系统的工作过程

四、自适应巡航系统的功能限制

自适应巡航系统只是辅助驾驶系统，仅仅是为了解放驾驶人的右脚，不能解决行车安全方面的问题，目前还存在以下不足：

1）在路况不良或雨雪天气等条件差的情况下，不允许使用 ACC。

2）对加塞进来的汽车或弯道上相邻车道的车辆，系统的识别能力有限，如图 5-57 所示。

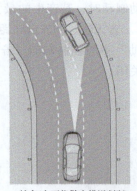
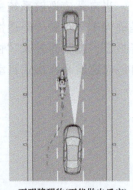

转弯(有可能做出错误判断)　　　不明障碍物(不能做出反应)

图 5-57　自适应巡航系统存在的功能限制

3）目前大多数车辆的自适应巡航系统在 30~200km/h 范围内才能工作。

五、自适应巡航系统的调校

当车辆有下列任一种情况时，都需要进行自适应巡航系统的调校，调校时需使用专用设备 VAS 190/2 或 VAS 6430。

1）发生过正面碰撞，前保险杠拆卸或更换过。

2）发生过正面碰撞，自适应雷达损坏并重新更换过。

3）后桥前束重新调整过。

4）发生过可影响车身定位的底盘作业。

5）雷达传感器水平位置偏差角度大于±0.5°。

6）其他辅助驾驶系统控制单元损坏。

【任务实施环境】

1）理实一体化教室授课，每个学习小组 1 个标准工位。

2）每个工位配奥迪轿车（具有自适应巡航功能）1 辆，万用表 1 块及各种导线、电工常用的各种钳子、螺钉旋具等。

3）每组配有奥迪轿车专用解码器 1 台。

【任务实施步骤】

1. 确认故障现象

接到车辆后，先进行故障现象确认。起动发动机，打开自适应巡航系统开关到 ON 位置，仪表盘显示 ACC 不可用，说明故障存在。

2. 故障检测

ACC 系统不工作故障的检测思路是先确定是否是外围设备或操作不当等因素导致的。

1）驾驶人是否脚踩制动踏板。

2）驻车制动器是否没有解除。

3）车速是否在 30~200km/h 范围内。

4）雷达表面是否有冰雪、灰尘等异物。

5）前保险杠及雷达安装支架是否有碰撞变形情况。

6）排除以上原因后，用解码器读故障码，按故障码提示进行维修。

7）若无故障码，则读 ACC 传感器数据流，雷达传感器水平位置偏差角度应不大于 ±0.5°。

8）检查相关控制单元是否正常，如车道变换系统控制单元故障也会导致 ACC 系统不工作。

项目小结

为了提高行驶安全性及减轻驾驶人的疲劳，现代汽车多采用电子控制技术主动干预车辆的行驶，这些电子控制技术统称为汽车驾驶辅助技术，包括驻车（泊车）距离报警系统、自动泊车系统、车道变换辅助系统、自适应巡航系统、夜视辅助系统、平视显示系统及自适应前照灯系统等。

车辆在行驶过程中，汽车驾驶辅助系统能够精确测量车辆与周围物体的距离、方位及道路信息并将这些信息输入电控单元，当超过安全距离时，驾驶辅助系统便向驾驶人报警或直接干预车辆的行驶。

复习思考题

5-1 什么是毫米波雷达？它有什么特点？

5-2 什么是激光雷达？它有什么特点？

5-3 说明车道变换辅助系统的基本组成及工作原理。

5-4 说明自适应巡航驾驶系统的基本组成及工作原理。

项目六　智能网联汽车认知

项目导读

> **知识目标：**
> 1) 掌握汽车驾驶自动化分级国家标准与国际标准。
> 2) 了解智能网联汽车及车联网的基本定义。
> 3) 了解国内、国际智能网联汽车的现状。
> 4) 了解我国智能网联汽车"三横两纵"技术架构路线图。

相关知识

一、智能网联汽车

随着人工智能与 5G 通信技术的普及，汽车技术正朝着智能化、网联化方向发展，汽车技术与通信技术高度融合的产品"智能网联汽车"将成为世界各国纷纷抢占的汽车产业制高点。智能网联汽车将是新技术革命下汽车工业转型升级的战略方向和未来社会生态建设的必然选择。

智能网联汽车短期目标是自动驾驶，终极目标是无人驾驶。汽车驾驶自动化分级国际标准见表 6-1，汽车驾驶自动化分级国家标准见表 6-2。

表 6-1　美国汽车工程师协会（SAE）对汽车驾驶自动化的分级

分级	L0	L1	L2	L3	L4	L5
定义	无自动驾驶	辅助驾驶	部分自动驾驶	有条件自动驾驶	高度自动驾驶	完全自动驾驶
驾驶操控	驾驶人	驾驶人及系统 驾驶人为主,系统只是辅助作用	驾驶人及系统	自动驾驶系统 自动驾驶为主,驾驶人应能随时接管车辆	自动驾驶系统 自动驾驶,驾驶人在驾驶舱休息,无须接管	自动驾驶系统 自动驾驶（无人驾驶）
操作范围	无	限定	限定	限定	限定	所有场景

表 6-2　我国对汽车驾驶自动化的分级

分级	名称	车辆横向和纵向运动控制	目标和事件探测与响应	动态驾驶任务接管	设计运行条件
0级	安全辅助	驾驶人	驾驶人和系统	驾驶人	有限制
1级	驾驶辅助（DA）	驾驶人和系统	驾驶人和系统	驾驶人	有限制
2级	部分驾驶（PA）	系统	驾驶人和系统	驾驶人	有限制
3级	有条件自动驾驶（CA）	系统	系统	动态驾驶任务接管用户（接管后成为驾驶人）	有限制

（续）

分级	名称	车辆横向和纵向运动控制	目标和事件探测与响应	动态驾驶任务接管	设计运行条件
4级	高度自动驾驶（HA）	系统	系统	系统	有限制
5级	完全自动驾驶（FA）	系统	系统	系统	无限制

1. 智能网联汽车

智能网联汽车（Intelligent Connected Vehicle，ICV）是指车辆搭载先进的传感器、控制器等装置，融合现代通信与网络技术，实现车与X（人、车、路、云端等）信息交换，具有部分或完全自动驾驶功能。

智能网联汽车包括环境感知系统、智能决策系统及控制执行系统。

（1）环境感知系统　通过机器视觉图像识别技术、摄像头、超声波传感器、毫米波雷达及激光雷达等传感器技术，通过高精度的定位与导航技术、车载网络技术及V2X无线通信技术，主动获取路况信息并传送给智能决策系统。

（2）智能决策系统　通过风险建模技术、路径规划技术、驾驶模式分析技术等，根据车辆路由意图及环境感知系统获得的路况信息，整合架构和算法，对车辆做出行为决策。行为决策的内容主要有保持车道、换道、跟车、超车或泊车等车辆行为。

（3）控制执行系统　根据智能决策系统的指令对车辆驱动、制动、转向等系统和车身电气设备等进行线性控制，确保车辆按预定的行驶轨迹、行驶模式行驶并完成行驶任务。

2. 车联网

车联网是指借助 LTE-V2X 通信技术，实现车与人、车与车、车与路、车与服务平台等全方位网络连接，提升车辆智能水平和自动驾驶能力。车联网的内容如图 6-1 所示，车联网的代号及意义见表 6-3。车联网的关键技术是车辆的通信技术，即 LTE-V2X 通信技术。

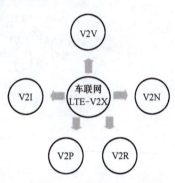

图 6-1　车联网的内容

表 6-3　车联网的代号及意义

符号	全称	意义
V2V	车与车（Vehicle to Vehicle）	实现车与车之间的信息通信,能够使车辆获知附近其他车辆的行驶状态,避免碰撞的发生
V2I	车和道路交通基础设施（Vehicle to Infrastructure）	实现车和道路交通基础设施之间的通信,例如交通信号灯状态,交通信息牌内容等
V2P	车与驾驶人（Vehicle to Pedestrian）	实现车与驾驶人之间的信息传递和远程控制,例如远程起动汽车、提前打开空调等
V2N	车与互联网（Vehicle to Network）	实现车与互联网之间的信息传递,智能汽车成为互联网重要终端,在车内可以便捷地获取互联网的内容及服务
V2R	车与路（Vehicle to Road）	实现车辆行驶路线、方向、导航信息与当前道路进行交换信息
V2X	车联万物（Vehicle to everything）	实现万物互联。X 代表 everything,任何事物

3. LTE-V2X 通信技术

LTE-V2X（Long Term Evolution-Vehicle to Everything），通信技术是基于 LTE 网络的车用无线通信技术，简称 V2X 通信技术。

LTE（Long Term Evolution，长期演进）是 3G 与 4G 技术之间的一个过渡网络制式，如 GSM、CDMA、GPRS、EDGE 等网络制式。

在智能联网汽车领域，用于 V2X 通信的主流技术包括基于 Wi-Fi 的车用短程通信 DSRC-V2X（Dedicated Short Range Communication-Vehicle to Everything，DSRC）技术和基于蜂窝移动通信系统的 C-V2X（Cellular-Vehicle to Everything）技术。

C-V2X 是基于蜂窝（Cellular）通信技术的车用无线通信技术，可提供 Uu 接口（蜂窝通信接口）和 PC5 接口（直线通信接口），包括 LTE-V2X 和 5G NR-V2X。

DSRC-V2X 主要是由欧美企业参与制定和应用的，成员包括英特尔、恩智浦等；LTE-V2X 是由中国企业为主牵头制定并应用的，成员有高通、华为、大唐、爱立信等。图 6-2 所示为 LTE-V2X 车联网系统示意图。

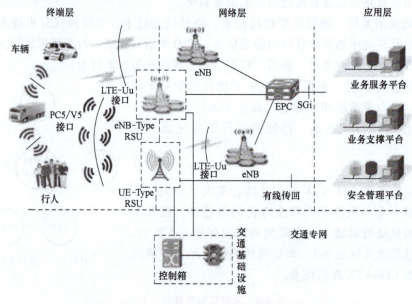

图 6-2 LTE-V2X 车联网系统示意图

二、我国智能网联汽车的现状

1. 智能网联汽车相关政策

中国对智能网联汽车的总体规划始于 2014 年 10 月，智能网联汽车产业作为我国经济转型升级的一个组成部分，政策持续发力，相关政策及技术节点见表 6-4，智能网联汽车发展趋势如图 6-3 所示。

在智能网联汽车示范运行方面，我国早在 2015 年就开始在全国各地布局，目前已经在北京、上海、重庆、浙江、长春、武汉、无锡等地建设了超过 60 个智能网联汽车测试示范区，积极推动半封闭、开放道路的测试验证；共有 55 家企业获得国内测试牌照，包括整车、零部件、互联网、出行服务、地图服务等类别的企业参与测试工作。表 6-5 为中国智能网联汽车示范区重点建设分布情况。

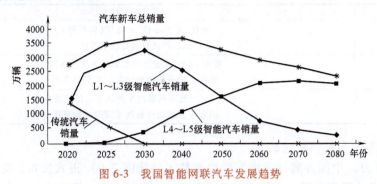

图 6-3 我国智能网联汽车发展趋势

表 6-4 我国智能网联汽车的相关政策及技术节点

时间	文件名称	发布部门	相关内容
2015.5	中国制造 2025	国务院	1）到 2020 年，掌握智能辅助驾驶总体技术及各项关键技术，初步建立智能网联汽车自主研发体系及生产配套体系 2）到 2025 年，掌握自动驾驶总体技术及各项关键技术，建立较完善的智能网联汽车自主研发体系、生产配套体系及产业群，基本完成汽车产业转型升级
2018.4	智能网联汽车道路测试管理规范（试行）	工信部、公安部、交通运输部	要求相关主管部门可以根据当地实际情况，制定实施细则，具体组织开展智能网联汽车道路测试工作。全国 12 个省市共建成 20 个智能网联汽车测试示范区
2020.2	智能汽车创新发展战略	国家发改委、中央网信办、科技部、工业和信息化部等 11 部门	1）2025 年，CA 级别的自动驾驶汽车规模化生产，HA 级别的自动驾驶汽车在特定环境下市场化应用 2）车用无线通信网络（LTE-V2X 等）实现区域覆盖 3）车用无线通信网络（5G-V2X）在部分城市、高速公路逐步开展应用 4）高精度时空基准服务网络实现全覆盖

表 6-5 中国智能网联汽车示范区重点建设分布情况

区域	示范区名称
吉林	国家智能网联汽车应用（北方）示范区（国家级）
辽宁	北汽盘锦无人驾驶汽车运营项目
北京	国家智能汽车与智慧交通示范区（国家级）
安徽	V2X 技术开发与示范场地建设项目
江苏	国家智能交通综合测试基地（无锡）（国家级） 常熟中国智能汽车综合技术研发与测试中心 南京市江宁区智能网联开放测试区
上海	国家智能网联汽车 A NICE CITY 示范区（国家级）
浙江	杭州云栖小镇 LTE-V 车联网示范区 桐乡乌镇示范区 嘉善产业新城智能网联汽车测试场（国家级）
福建	平潭无人驾驶汽车示范区 漳州无人驾驶汽车社会实验室
广东	深圳无人驾驶示范区 广州智联汽车与智慧交通应用示范区（国家级）
湖南	湘江新区智能系统测试区（国家级）

(续)

区域	示范区名称
武汉	武汉"智慧小镇"示范区（国家级） 武汉雷诺自动驾驶示范区
重庆	重庆 i-VISTA 智能汽车集成系统试验区 重庆中国汽研智能网联汽车试验基地
四川	德阳 Dicity 智能网联汽车测试与示范运营基地 成都中德智能网联汽车四川试验基地

2. 智能网联汽车技术路线图

2020 年 11 月，中国方案《智能网联汽车技术路线图 2.0》正式发布，我国智能网联汽车技术路线图总体目标如图 6-4 所示，围绕乘用车、货运车辆、客运车辆等制定分阶段发展目标与里程碑。智能网联汽车乘用车分阶段发展目标如图 6-5 所示。

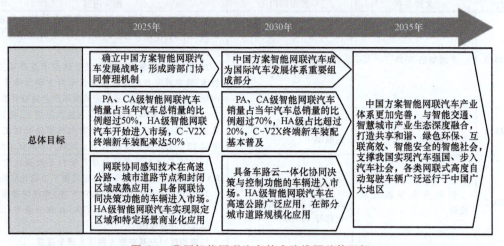

图 6-4 我国智能网联汽车技术路线图总体目标

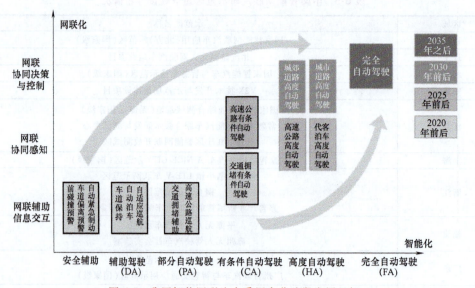

图 6-5 我国智能网联汽车乘用车分阶段发展目标

项目六 智能网联汽车认知

路线图将智能网联汽车涉及的整车零部件、信息通信、智能交通、地图定位等多领域技术划分为"三横两纵"技术架构,如图6-6所示。"三横"指车辆关键技术、信息交互关键技术与基础支撑关键技术。"两纵"指支撑智能网联汽车发展的车载平台与基础设施。

总体目标:2025年左右,CA级自动驾驶乘用车技术规模化应用,HA级自动驾驶乘用车技术开始进入市场;2030年左右,HA级自动驾驶乘用车技术规模化应用;2035年以后,FA级自动驾驶乘用车开始应用。

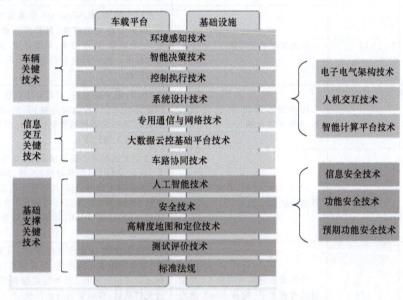

图6-6 我国智能网联汽车"三横两纵"技术架构

3. 我国车企在智能网联汽车领域战略规划

我国部分车企在智能网联汽车领域战略规划见表6-6,典型自动驾驶车型功能与配置特点见表6-7。

表6-6 我国车企在智能网联汽车领域战略规划

车企	车型	自动驾驶级别	推出时间	系统名称	合作伙伴	战略规划
上汽自主	Marvel X Pro	L3	2020年	斑马3.0	阿里巴巴、中海庭、Mobileye、TT、Tech、中国移动、华为,上海集团等	2020年推出L3级别车型,2020年L4级别重型货车小批量示范运营,未来3~5年实现大批量商业化运营
长安自主	Unl-T	L3	2020年	小安	地平线、腾讯等	2020年推出L3级别量产车型,2025年建成L4级别自动驾驶开放平台
广汽自主	AION LX	L3	2020年	ADiGO	腾讯、伟世通、小马智行等	2020年L3级别自动驾驶,2025年L4级别自动驾驶,2030年L5级别自动驾驶
长城汽车	F7x	L2+	2019年	I-pilot	中国移动、华为、大唐电信、高通、亮道智能、百度	2020年L2.9级别,2021年L3级别,2022年L4级别
吉利汽车	Icon	L2+	2019年	G-pilot	百度、Zenuity	2020年G-pilot 3.0,大约实现L3级别自动驾驶,G-pilot 4.0+系统进入全面自动驾驶
比亚迪	秦Pro	L2+	2019年	D++	百度、360等	2020年L2+级别车型

201

表 6-7　我国典型自动驾驶车型功能与配置特点

车型名称	自动驾驶级别	特色功能	配置
Marvel X Pro	L3	最后自动泊车	3个毫米波雷达,12个超声波雷达,FCW(前向碰撞报警)系统、AEB(自动紧急制动)系统、LDP(车道偏离干预)系统、ADAS(前向提醒及控制)和RDA(后向驾驶辅助)系统等
Unl-T	L3	高速公路驾驶辅助功能	5个毫米波雷达、6个摄像头、12个超声波雷达、TJP(拥堵自动驾驶)、ADAS(高级驾驶辅助)功能
AION LX	L3	高速变道辅助驾驶、自动泊车	高精度雷达、Mobileye Q4摄像头双探测硬件组合、高速公路变道辅助、自适应巡航、交通拥堵辅助、主动制动、自动泊车、车道保持、360°全景影像、自动驻车。选装高速公路驾驶辅助、高精地图、自适应巡航
哈弗 F7x	L2+	智能交通辅助、智能自动泊车、S形车道保持	77GHz毫米波雷达、智能前视相机、前后12个超声波雷达、ACC(自适应巡航)系统、ICA(智能巡航辅助)、TJA(交通拥堵辅助)、TSR(交通限速识别)、智能远近光辅助等
Icon	L2+	APA(自动泊车)系统、540°全景透视影像	12个雷达和4个高清摄像头,具有APA(自动泊车)系统、AEB(城市预碰撞)系统、540°全景透视影像、底部180°监测、360°高清行车记录仪、ICC(智能领航)系统、LKA(车道保持辅助)系统、SLIF(速度限制提醒)系统、IHBC(智能远光灯控制)系统、BSD(盲点监测)
秦 Pro EV	L2+	开发者版最高可达到L4级别自动驾驶水平(配备AutoX激光雷达和xFusion技术)	停走型全速自适应巡航系统、弯道速度控制系统、主动式车道保持系统、车道偏离预警系统、交通标志智能识别系统、预测性碰撞报警系统、智能远近光灯系统、自动紧急制动系统、行人识别/保护系统、紧急制动辅助系统,并且可以自行选择安装盲点监测系统、并线辅助系统、倒车倒碰预警系统、后向碰撞预警系统

三、国外智能网联汽车的现状

根据国家知识产权局发布的《自动驾驶产业专利分析评议报告》,在核心专利领域,我国企业从数量到质量都落后于美、日、韩、德等国的企业。美国、欧洲等国家在智能网联领域走在我国前列,很大一部分原因是布局比我们早。

1. 欧美等地区智能网联汽车相关政策

美国于1992年发布《智能车—高速路系统战略计划》；2016年9月,美国交通部发布了第1版《联邦自动驾驶政策：加速道路安全变革》（AV1.0）；2020年,美国发布了AV4.0,强调要保持美国在自动驾驶行业的领先地位。

欧盟于2011年发布"Horizon 2020",提到要推进智能网联汽车研发。2015年,第1版欧盟《自动驾驶路线图》发布；2017年,第2版《自动驾驶技术路线图》发布,提出分别在2020/2023/2025年实现L3/L4/L5自动驾驶。

日本于2014年发布《官民ITS构想与路线图2014》。最新版《ITS规划》于2020年6月发布,提出私家车到2020年实现L3级自动驾驶,2025年实现L4级。2017年3月发布《实现自动驾驶的行动报告与方针1.0版》,最新版发布于2020年6月,提出：高速公路到2020年实现L3级自动驾驶。

2. 欧美等地区智能网联汽车产业规划

智能网联汽车产业在欧美等发达国家已经有了快速的发展，如谷歌 Waymo 已推出商业化自动驾驶出租车服务，通用、奔驰等主流车企已经量产 L3 级别的智能网联汽车，L4、L5 级别的自动驾驶车辆预计在 2025 年全面应用。现阶段全球范围内智能网联汽车产业技术格局如图 6-7 所示，欧美等地区智能网联汽车产业规划见表 6-8。

3. 欧美等地区车企在智能网联汽车领域的战略规划

欧美等地区车企在智能网联汽车领域的战略规划见表 6-9。

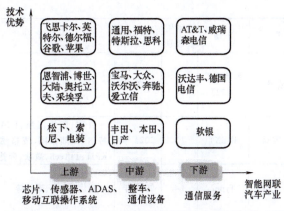

图 6-7 全球范围内智能网联汽车产业技术格局

表 6-8 欧美等地区智能网联汽车产业规划

国家地区	时间	规划内容
中国智能汽车发展愿景	2025 年	实现有条件自动驾驶的智能汽车规模化生产 实现高度自动驾驶的智能汽车在特定环境下市场化应用 取得智能交通系统和智慧城市相关设施建设的积极进展 实现车用无线通信网络区域覆盖 逐步开展新一代车用无线网络在部分城市、高速公路的应用 实现高精度时空基准服务网络的全覆盖
	2035 年	全面建成中国标准智能汽车体系 逐步实现智能汽车强国愿景
美国对自动驾驶发展的预测	2020 年	配备半自动功能的汽车将能在更多的情况下行驶
	2025 年	大多数汽车达到全自动化
	2030 年	更多消费者会依靠共享汽车
	2045 年	每个人都会使用共享乘车服务，可能是以社区为单位进行汽车共享 所有的车辆均达到自动化
欧洲自动驾驶规划	2020 年	在高速公路上实现自动驾驶，在城市中心区域实现低速自动驾驶 部分 L3 及 L4 级别的自动驾驶汽车投放市场 乘用车及轿车可在高速公路上实现自动驾驶（L3 及 L4 级），可在市区实现低速场景下的自动驾驶 公共车辆，尤其是城市班车、小型载人载物车等，可在部分低速场景下实现自动驾驶（L4 级）
	2022 年	所有新车都将具备通信功能，实现"车联网"
	2030 年	步入完全自动驾驶社会

表 6-9 欧美等地区车企在智能网联汽车领域的战略规划

车企	车型	自动驾驶级别	推出时间	合作伙伴	战略规划
Waymo	Waymo Driver	L4	2020 年	捷豹、雷诺、日产、本田、麦格纳等	2020 年将捷豹 I-Pace(Waymo Driver)纳入自动驾驶网约车车队中
通用	Cruise AV	L4	2019 年	Lyft、Strobe、本田、DoorDash、LG 电子、亚马逊等	2022 年推出 L5 级量产车型 Cruise Origin，2023 年前旗下 22 款车型都将搭载 L2 级 Super Cruise 驾驶辅助系统
奥迪	A8L	L3	2017 年	华为、法雷奥、Mobileye、TTTech、英伟达、大陆、博世等	2025 年推出 L4 级 Aicon

(续)

车企	车型	自动驾驶级别	推出时间	合作伙伴	战略规划
戴姆勒	奔驰 S 级 W223	L3	2020 年	宝马、博世等	2020 年推出 L3 级别车型,2024 年 L4 级别自动驾驶技术应用于私人客户的汽车中,未来 10 年内实现高度自动化的功能货车推向市场并发展成熟
宝马	iNEXT	L3	2021 年	百度、四维图新、FCA、腾讯、英特尔、大陆集团、麦格纳、安波福、KPIT、TTTech、微软、奔驰等	2021 年推出 L3 级别量产车型,2024 年 L4 级别自动驾驶技术应用于私人客户的汽车中
大众	Type2	L4	2022 年	百度、福特、微软等	2022 年推出 L4 级别量产车型,2023 年推出 L4/5 级别 Sedric 家族,2025 年完成自动驾驶系统(SDS)的研发与许可
本田	Legend	L3	2020 年	Waymo 等	2020 年推出 L3 级别车型,实现在(高速)公路上运用自动驾驶技术,2025 年实现 L4 级别自动驾驶技术
丰田	e-Palette	L4	2020 年	Uber、亚马逊、滴滴、马自达、Pizza Hut 等	2020 年推出 L4 级别 e-Palette,2021 年推出混动版 L3 级 Sienna
日产	奇骏(至尊领航版)	L2	2020 年	Mobileye、DeNA、NASA、Waymo、雷诺集团等	2020 年推出 L2 级别车型,2022 年推出 L3 级别车型,2023 年 ProPILOT "超智驾"系统搭载比例达到 70%
特斯拉	Model Y	L3.5+	2020 年	AMD、百度地图等	2020 年推出 L3.5+级别量产车型,2026 年前实现所有的产品具备完全自动驾驶功能
福特	Transit Connect Wagon	L4	2021 年	大众等	2021 年推出 L4 级自动驾驶车型

项目小结

我国汽车技术正朝着电动化、智能化、网联化方向发展,智能网联汽车是新技术革命下汽车工业转型升级的战略方向和未来社会生态建设的必然选择。

复习思考题

6-1 什么是智能网联汽车?为什么我国要大力发展智能网联汽车?

6-2 智能网联汽车的国际分类标准是什么?现阶段各国发展到哪个级别?

6-3 我国智能网联汽车"三横两纵"技术架构的内容是什么?

参 考 文 献

［1］ 李妙然，邹德伟. 智能网联汽车技术概论［M］. 北京：机械工业出版社，2019.
［2］ 毛峰. 汽车舒适与安全系统故障诊断与维修［M］. 北京：机械工业出版社，2021.
［3］ 周建平. 汽车电气设备构造与维修［M］. 北京：人民交通出版社，2014.